VENEZIA

Geflügelter Markuslöwe

CUCINA & MUSICA

Christoph Wagner

VENEZIA

Ein kulinarisch-musikalisches Stadtporträt
Mit Rezepten und Klassik CD

Mosaik

INHALT

HAUPTGERICHTE

DESSERTS

Viva la Musica! Viva la Tavola!

Venedig ist eine Stadt zwischen Musik und Sinnenfreude, Karneval und Opernseligkeit, Morbidezza und Grandezza. Vor allem aber ist Venedig eine Stadt der betörenden Küchendüfte.

Gondeln, Lichter und Musik – das waren die drei wichtigsten Merkmale, die den Philosophen Friedrich Nietzsche an Venedig immer wieder aufs neue faszinierten. Aber hat der stets zur Askese neigende Altphilologe da nicht etwas Wichtiges vergessen? Ist nicht auch die venezianische Küche ein Leitmotiv, das die engen Gäßchen der Serenissima – der "Durchlauchtigsten" unter den Städten der Alten Welt – nicht nur mit Leben, sondern mit außerordentlich verführerischen Düften erfüllt?

Man kann das musikalische Venedig nicht verstehen, ohne auch das kulinarische zu kennen. Denn Venedig ist wie eine begehbare Partitur. Sie hat alle paar Takte ihre "tückischen Stellen", doch sie belohnt jenen, der diese Schwierigkeitsgrade einmal genommen hat, mit Melodien von geradezu elysischer Schönheit. Venedig ist aber auch wie ein äußerst kompliziertes, aber dafür um so wohlschmeckenderes Gericht. Es dauert seine Zeit, bis man alle Zutaten beisammen hat, und es gilt auch einige kochtechnische Klippen zu umschiffen, bis sich herausstellt, daß der wahre Wohlgeschmack in jener Raffinesse liegt, die sich letztlich doch durch Einfachheit auszeichnet. Doch beginnen wir mit der Musik.

Die venezianische Musikgeschichte brandete in drei großen Wogen über Europa hinweg. In der Renaissance wurden von venezianischen Meistern wie Willaert oder Andrea und Giovanni Gabrieli die Grundlagen modernen Musizierens geschaffen. Im Barock machten Vivaldi, Albinoni, Caldara, Cavalli, Galuppi, Cimarosa und viele andere die Lagunenstadt zum Focus des abendländischen Musikschaffens. Und im neunzehnten Jahrhundert – die Serenissima verfiel nach dem Verlust ihrer Unabhängigkeit durch die napoleonische Besetzung im Jahre 1797 in einen bis heute nicht wirklich enden wollenden Dornröschenschlaf – zog das zunehmend morbide Erscheinungsbild des zwar macht-, aber keinesfalls ruhmlos gewordenen Venedig all jene Musiker an, die, wie etwa Wagner oder Liszt, in ihren Werken klangreich Weltschmerz und Weltuntergang thematisierten.

Der Markusplatz mit Uhrturm und Dom im 18. Jh.
Gemälde von Francesco Guardi (1712–1793)

Immerhin darf sich das musikalische Venedig rühmen, an der Entstehung der beiden berühmtesten Akkorde der Musikliteratur maßgeblich beteiligt gewesen zu sein. Den ersten davon steuerte der Wahlvenezianer Claudio Monteverdi in seinem bis heute aufsehenerregenden Madrigal *Cruda Amarilli* bei, in welchem er erstmals in der Geschichte einen Dominantseptakkord und damit die Grundlage der modernen Harmonielehre anklingen ließ. Der zweite Akkord ist vielleicht noch bekannter. Handelt es sich doch um jenen berühmten Tristan-Akkord, auf dem Richard Wagner die gesamte Musik zu *Tristan und Isolde* aufbaute, deren zweiten Akt er in Venedig instrumentierte.

Es fügt sich gut in diese Entwicklung ein, daß auch die Moderne in der allem Neuen seit jeher besonders aufgeschlossenen Lagunenstadt mit Komponisten wie

Bruno Maderna, Ermanno Wolf-Ferrari, Gian Francesco und Riccardo Malipiero sowie Luigi Nono äußerst prominent vertreten ist.

Daß Venedig überhaupt eine derartige Musikstadt werden konnte, liegt nicht zuletzt an seiner republikanischen Verfassung, die es auch Personen einfachen Standes ermöglichte, Opern und Konzerte zu besuchen. Vor allem aber herrschte in Venedig – und das war für das katholische Italien einzigartig – absolute Wahlfreiheit, was den Kirchgang betraf. Das übliche Schäfchenzählen durch den zuständigen Pfarrherrn entfiel, und jeder konnte jeden Gottesdienst besuchen, nach dem ihm gerade der Sinn stand.

Die Folge war, daß zwischen den einzelnen Kirchen regelrechte Wettkämpfe darum entbrannten, wer seiner Klientel die beste Kirchenmusik bieten konnte. Und es ist wohl auch nicht zuletzt diese Konkurrenzsituation gewesen, die dafür sorgte, daß die geistliche Musik in Venedig immer schon ein wenig weltlicher – sprich: vergnüglicher – war als anderswo.

Ob in der Gondel oder im Restaurant, in der Kirche oder im Palazzo: Die Lagunenstadt Venedig wird eben nicht nur von Kanälen, sondern auch von Musik durchflutet. Auf gewisse Weise scheint jeder Venezianer ein Musiker zu sein. Die Frage

RECHTS *Der italienische Komponist Domenico Cimarosa (1749–1801)*
UNTEN *Konzert in einem venezianischen Palazzo, Gemälde aus der Schule von Longhi im 18. Jh.*

stellt sich bloß: Ist er lediglich ein *musicante*, also ein musizierender Laie, oder ist er ein ausgebildeter Musiker und demnach gar ein *musico*? So groß wird der Unterschied zwischen beiden vielleicht gar nicht gewesen sein. Zumindest nicht, wenn man den Worten des italienischen Geschichtsschreibers Giovanni Rossi Glauben schenkt, der in seiner "Venezianischen Sittengeschichte" über die Musikalität seiner Landsleute regelrecht ins Schwärmen geriet: *Tutta Venezia risonava du giorno, e notte di musicali concerti, si passava da una via all' altra* – "Tag und Nacht hallte ganz Venedig von musikalischen Aufführungen wider, so daß die Menschen einfach von einem Konzert zum anderen spazieren konnten."

Der musikalische Rundgang durchs von Glockenklängen, Straßenmusikanten und Kaffeehausmusik mitunter bis an schmerzhafte Dezibelgrenzen widerhallende Venedig hat seine kulinarische Entsprechung im sogenannten *giro de ombre*, einer vergnüglichen Zechtour, die durch mehrere, oft sogar ungezählte Schenken führt, in denen man auf ein Gläschen Wein und einen kleinen Imbiß einkehrt. Venedig war schon immer eine Stadt der kleineren und größeren Maßlosigkeiten. Dem Glücksempfinden, die Welt durch Musik gleichsam zu umschlingen, entsprach in Venedig seit jeher auch ein Bedürfnis, sie nicht minder selig aufzuessen. Nirgendwo, nicht einmal in den lebensfrohen Metropolen Florenz, Rom oder Bologna, fielen die Feste der Renaissance so üppig aus wie in der Serenissima, und nirgendwo anders hatte es eine Stadtregierung so schwer wie hier, der Schlemmerei und Vergnügungssucht der Bevölkerung durch den Erlaß spezieller Genügsamkeitsgesetze wenigstens einigermaßen Einhalt zu gebieten.

Auf den Märkten von Venedig gab es Ware, die anderswo unerschwinglich gewesen wäre, geradezu im Überfluß. Die guten Handelsbeziehungen zu den Arabern füllten die Regale mit Granatäpfeln und Ingwer, Datteln und Apfelsinen, Anis und Pfeffer, Zuckerhüten und Aqua vitae, wie man die ersten hochprozentigen Destillate nannte, die das Abendland aus dem Orient erreichten. Das Meer geizte damals noch nicht mit seinem schier unerschöpflichen Reichtum an Fischen und Meeresfrüchten. Von den fruchtbaren Laguneninseln und dem umliegenden Schwemmland kamen Gemüse, und aus dem Landesinneren Fleisch, Geflügel und Wild. Lediglich das Getreide machte durch zahlreiche Mißernten in vielen Jahren Probleme. Immer wieder mußte es für die Bäcker rationiert werden, und die Pasta, die der Venezianer Marco Polo angeblich aus China mitgebracht haben soll (in Wahrheit kannte man in Italien schon vorher Nudelteige und -gerichte), galt lange Zeit als großer Luxus, den man um teures Geld bei den sogenannten *lasagnari* einkaufen mußte.

Die venezianische Aristokratie freilich brauchte sich auch mit solchen Problemen nicht herumzuschlagen. Sie hatte im sechzehnten Jahrhundert immerhin den Ruf zu verteidigen, mit ihren rauschenden Staatsempfängen selbst das verschwenderische Rom in den Schatten zu stellen. Bei einem Bankett, das der Papstneffe Ranuccio Farnese 1552 für den Kardinal Grimani gab, wurden für neunzig Gäste hundert verschiedene Gänge in Silberschüsseln aufgetragen, was folgerichtig auch dazu führte, daß sich das Essen über viele Stunden hinzog. Unter 400 bis 500 Dukaten war an einen "gewöhnlichen Festschmaus" bei vornehmen Venezianern gar nicht zu denken. Das lag nicht zuletzt daran, daß in Venedig damals die Sitte in Mode kam, die Speisen, um den verschwenderischen Lebensstandard der Lagunenstadt ausreichend zu unterstreichen, auch mit Blattgold zu überziehen.

Bei einem Frühstück, das der Consiglio dei Dieci, der venezianische Zehnerrat, in den Gemächern des Dogenpalastes für König Heinrich III. gab, bestanden Tischtücher, Tafelgeschirr, Teller, Brot und sogar der Blumenschmuck aus Zucker, aus welchem auch die Tafelaufsätze und die radschlagenden Pfauen gefertigt waren, die sich im Schatten von vier Marzipanpalmen tummelten. Das Frühstück soll sich über den ganzen Tag hingezogen haben und endete am Abend dort, wo in der Serenissima alles hinströmt: in der Oper.

RECHTS Ein prachtvoll arrangiertes Bankett im Palazzo Nani anläßlich des Besuchs von Erzbischof Clemens 1755, Gemälde von einem Schüler Pietro Longhis

"SÜSSE NACHT, DU LIEBESNACHT"

Kaum ein klassisches Musikstück wird enger mit Venedig in Zusammenhang gebracht als Jacques Offenbachs berühmte *Barcarole* aus *Hoffmanns Erzählungen*: Wenn Hoffmann zu Giuletta den schicksalsschweren Satz "Dies ist die Stunde der Barcarole und des Abschieds" sagt, werden im Auditorium die Augen feucht und Venedigträume wach. Offenbach selbst hat beim Komponieren allerdings keineswegs den Markusdom oder die Rialtobrücke vor Augen gehabt, sondern schon eher den Kölner Dom und das Rheinland. Die *Rheinnixen* lautete nämlich der Titel jener Oper, für die die *Barcarole* ursprünglich komponiert wurde. Sie wurde in Wien uraufgeführt und fiel prompt durch. Erst nach ihrer unfreiwilligen Übersiedlung nach Venezia gelangte die *Barcarole* zu Weltruhm.

Von Vivaldis Adagios bis zu Tristans Akkord

Die Stadt, die nicht nur den Karneval, sondern auch die Oper erfunden hat, ist eingebettet in ein Meer von Melodien.

Musikalische Recherchen im Markusdom

Venedig, die Stadt, in welcher wohl nicht zufällig auch der Musikaliendruck erfunden wurde, stand an der Wiege zahlreicher musikalischer Stilrichtungen seit der Renaissance Pate. Die Sängergilde von San Marco existiert seit nahezu siebenhundert Jahren, und ihr erster Maestro war, wie aus einem Dokument aus dem Jahre 1318 hervorgeht, ein Mistro Zucchetto, der Orgel spielte, den Chor leitete und auch Musik unterrichtete.

Nur wenige erinnern sich heute noch, daß der Begründer der vielgerühmten "Venezianischen Schule" keineswegs Venezianer, sondern Niederländer war. In den Jahren 1527–1562 – also nahezu ein halbes Jahrhundert – war der aus Brügge stammende Adrian Willaert als Domkapellmeister von San Marco tätig, wo man ihn schlicht als *Divino Adriano*, den göttlichen Adrian, bezeichnete. Im Markusdom entwickelte Willaert das später auch von Johann Sebastian Bach in seinen großen Passionen übernommene Prinzip der Doppelchörigkeit, worunter man allerdings keinesfalls ausschließlich Chormusik verstand. Was ein wenig akademisch klingt, wird sehr schnell plastisch verständlich, wenn man sich die Architektur des Markusdomes vor Augen hält, von der Willaert einmal gesagt haben soll: "Aus diesen Mauern kann man musikalischen Honig saugen!" Die beiden Querschiffe machten nämlich die Errichtung von zwei Orgeln nötig. Der Symmetrie der Architektur mußte eine des Klanges entsprechen, und zwei Organisten durften in edlem Wettstreit "gegeneinander anspielen" oder in trauter Eintracht musikalische Dialoge miteinander führen.

OBEN Adrian Willaert (1480–1562) war von 1527–1562 Domkapellmeister von San Marco.
RECHTS Prächtige Mosaike aus dem 12. Jh. schmücken die Hauptkuppeln von San Marco.

Willaert erwies sich jedoch auch als erster musikalischer "Rechercheur", indem er eine frühe Form der Fuge, das sogenannte Ricercar, entwickelte, das auf deutsch nichts anderes bedeutet als das tägliche Brot jedes Journalisten – nämlich immer wieder aufs neue zu suchen, im speziellen Fall natürlich keine neuen Informationen, sondern neue Harmonien.

Musica Nuova – so nannte sich diese früheste "Venezianische Schule" damals voll neutönerischem Selbstbewußtsein, und zu ihren Protagonisten zählen auch einige heute nahezu vergessene Musiker mit um so wohlklingenderen Namen, die sich, wie etwa Annibale Padovano oder Cipriano de Rore, um immer kunstvollere Madrigale und Motetten verdient machten.

SÜNDIGE BÜSSERINNEN UND SCHÖNE CHRISTINNEN

Daß die venezianische Musik – obwohl ihrem ganzen Wesen nach ursprünglich eine *Musica sacra* – im Laufe ihrer Geschichte zunehmend sinnlicher wurde und auch in den Gotteshäusern ständig weltlichere Blüten trieb, verdankt sie nicht nur der be-

Aufführung der Kantate "Bella Gabriel" (18. Jh.) durch venezianische Musikerinnen

Porträt eines jungen Chormädchens von Alessandro Longhi (1733–1813)

reits erwähnten musikalischen Konkurrenz zwischen den einzelnen Kirchen, sondern vor allem auch einer weiteren, typisch venezianischen Besonderheit. Als ein russischer Besucher 1698 in die Lagunenstadt kam, fiel ihm eine Eigenheit auf, die er weder aus den Kirchen seiner Heimat noch aus anderen italienischen Gotteshäusern kannte: "In Venedig gibt es Konservatorien, wo Frauen die Orgel spielen und auch auf anderen Musikinstrumenten musizieren, und sie singen so wunderbar, daß man nirgendwo anders auf der Welt einen so süßen und harmonischen Gesang finden könnte. Das ist auch der Grund, warum die Menschen aus aller Welt nach Venedig strömen, um sich an diesen engelsgleichen Gesängen zu laben, insbesondere an jenen des Konservatoriums der Incurabili."

Die *Incurabili* waren eines von vier *Ospedali;* einer sozialen Institution, die vor allem für Waisen und Findelkinder geschaffen wurde, die aber bald den Beinamen "Seminare der Musen und Sirenen" erhielt. Schließlich lebten diese *Ospedali* – außer den *Incurabili* und *Pietà* gab es auch noch *Santa Maria dei Derelitti* sowie *San Lorenzo e Medicanti* – neben einer kommunalen Grundsubvention vor allem von Spendengeldern, und die ließen sich kaum erfolgreicher gewinnen als mit glockenhellen jungen Mädchenstimmen und einem Damenorchester, das an Professionalität die meisten männlichen Ensembles in den Schatten stellte. "Ich war wieder *ai Medicanti*, wo die Frauenzimmer die Musiken aufführen", schwärmte etwa Johann Wolfgang von Goethe während seines Venedig-Aufenthalts, "sie haben wieder ganz herrlich gesungen. Wenn man nur so einen Eindruck im Ohre behalten könnte!"

Welchen Stellenwert die Musikerinnen in der musikalischen Republik Venedig hatten, läßt sich am überzeugendsten an einem Gemälde anschaulich machen, das Francesco Guardi 1782 gemalt hat: Es zeigt nicht weniger als dreihundert venezianische Musikerinnen, die – unter der Leitung ihrer *Maestra di coro* – bei einem festlichen Staatsakt aufspielen.

Die Beliebtheit der Damen von Chor und Orchester hatte – vor allem in der Männerwelt – auch noch andere Gründe. Während Mesalliancen (Mischehen) zwischen den einzelnen Ständen normalerweise streng verboten waren, wurden in seltenen Fällen Ausnahmen von dieser Regel gemacht: Kavaliere von Stand, die sich in eine der *figlie del coro* unsterblich verliebten, durften diese entgegen allen sonstigen Usancen daher auch zum Traualtar führen.

Da in den *Ospedali* ab 1531 auf Anweisung des Patriarchen von Venedig auch reuige Kurtisanen – man nannte sie damals umständlich *Donne peccatrici a Dio convertite* – als "Musikzöglinge" aufgenommen wurden, bekam diese Regelung noch einen zusätzlichen Reiz, der wie so vieles in Venedig nicht bar von Frivolität war. Es verwundert daher keineswegs, daß sich im Publikum der *figlie del coro* auch der eher für seine außermusikalischen Aktivitäten zu Ruhm gelangte Giacomo Casa-

WAR MOZARTS DON JUAN IN WAHRHEIT CASANOVA?

Als Joseph Losey, der große britische Filmregisseur, gebeten wurde, Mozarts *Don Giovanni* zu verfilmen, versetzte er die Handlung von Spanien nach Venedig, wo er *Don Giovanni* in den durch die Glasbläser von Murano entfachten Flammen seine Höllenfahrt antreten ließ. Losey hat die Kulisse jedoch keineswegs nur aus optischen, sondern auch aus musikhistorischen Gründen gewechselt. Lorenzo da Ponte, der Textdichter von *Don Giovanni*, war nämlich gebürtiger Venezianer und auch mit dem Frauenhelden Giacomo Casanova persönlich bekannt. Als Mozart an da Ponte herantrat, um mit ihm eine Oper über den legendären Herzensbrecher zu schreiben, suchte da Ponte Rat bei Casanova und bat ihn sogar, am Libretto mitzuarbeiten. Casanova, der gewiß eine Menge erotischer Details hätte beitragen können, erwies sich jedoch ausnahmsweise einmal als diskret – und lehnte ab. Die Republik Venedig ist dennoch mit einem kleinen Detail im Libretto des Mozartschen *Dramma giocoso* vertreten. Der Wein, den Don Giovanni beim Festmahl unmittelbar vor seiner Höllenfahrt trinkt, ist nämlich ein Marzemino. Und der stammt keineswegs aus Spanien, sondern aus Refrontolo im Veneto, wo die Trauben nach der Lese zuerst auf Rosten getrocknet und dann um die Weihnachtszeit zu einem unvergleichlichen, rubinroten Süßwein gekeltert werden.

Galakonzert, Gemälde von Francesco Guardi (1712–1793)

nova befand, der sich im Jahre 1781 in einem seiner Briefe begeistert über die kostümierten Musikerinnen des Mendicanti-Hospitals äußerte, die bei Theateraufführungen während des ganzen Advents sowohl die männlichen wie die weiblichen Rollen in Komödien, Tragödien als auch – man höre und staune – in *Opere buffe* darstellten.

Den wichtigsten Vorteil aus der Sozialfürsorge in den *Ospedali* zog dennoch nicht die Männerwelt der Serenissima, sondern die venezianische Musik: Das schier unerschöpfliche Reservoir an jungen Musikerinnen und Sängerinnen inspirierte die Komponisten Venedigs nicht nur zu Spitzenleistungen, sondern war auch eine Garantie dafür, daß deren Werke auf gleichbleibend hohem Niveau aufgeführt werden konnten. Und obwohl die Kunst des Komponierens auch in Venedig im wesentlichen den Männern vorbehalten blieb, finden sich im *New Grove Dictionary of Woman Composers* gleich zehn venezianische Komponistinnen, von denen sieben aus jenem *Ospedale della Pietà* stammten, in dem auch Vivaldi wirkte. Die Musikschulen der vier *Ospedali* wurden übrigens auch als "Konservatorien" bezeichnet, ein Ausdruck, wie er heutzutage weltweit für Elite-Musikschulen verwendet wird.

DIE GEBURT DER OPER

Oper – das war in Venedig immer auch eine Volksbelustigung. Niemand fand etwas dabei, daß in den Logen Karten gespielt wurde, daß man finstere Bösewichte ausbuhte und edelmütigen Helden applaudierte, daß man trotz der allgegenwärtigen Brandgefahr kleine Kerzen auf den Brüstungen anzündete, um in Ruhe die Partitur mitlesen zu können, daß man sich – keinesfalls nur in den Pausen – aus den benachbarten Kneipen ein feines Abendessen in die Loge servieren oder sich von Getränke- und Bonbonverkäufern kleine Näschereien reichen ließ. Oder daß man an langweiligen Stellen schlicht und einfach den Vorhang zuzog und sich anderen Beschäftigungen hingab, die vielleicht noch sinnlicher waren als das musikalische Vergnügen.

Claudio Monteverdi (1567–1643), Porträt von Domenico Fetti (1589–1624)

Als eigentlicher Begründer des neuen, schillernden Genres der Oper gilt mit Recht Claudio Monteverdi (1567–1643), der ebenfalls den begehrten Posten des Kapellmeisters von San Marco bekleidete. Seinem Genie ist es vor allem zu verdanken, daß geistliche Musik bis heute auch Instrumentalmusik sein kann. Zuvor galten allzu weltliche Schalmeien- und Geigenklänge nämlich als unandächtig, und Kirchenmusik fand ausschließlich *a capella*, also ohne Orchester oder allenfalls mit Orgelbegleitung statt. Die italienische Musik wurde – sehr zum Mißfallen konservativer Zeitgenossen, die Monteverdis Neuerungen als "Unverschämtheiten der modernen Musik" geißelten – unter dem in Cremona geborenen und in Mantua bekannt gewordenen Wahl-Venezianer schnell opulenter und daher auch gleich wesentlich kulinarischer.

Vorwiegend ging es Monteverdi nämlich darum, Leidenschaften anzufachen, womit er sich in absolutem Gegensatz zu den meisten seiner Kollegen befand, die es damals gewohnt waren, ihre Töne mit mathematischer Präzision fast wie am Reißbrett zusammenzusetzen. Erstmals in der Madrigalliteratur nahm er das Maß nicht nur am Kontrapunkt, sondern auch an der Natur selbst, indem er beispielsweise in das Torquato-Tasso-Gedicht *Ecco mormorar l'onde* – "Horch, es murmeln die Wellen" – auch seine Hörerfahrungen von der venezianischen Lagune einbrachte und daraus ein fast schon impressionistisches Tongemälde wob. Und Monteverdi war wohl auch der erste Komponist der Welt, der ein ganzes Auditorium in Tränen versetzen konnte. Augenzeugen berichten über die tiefe Erschütterung und Rührung, die sich im Publikum bei der ersten großen Klageszene der Opernliteratur, dem *Lamento d'Arianna*,

Dieses Gemälde aus der Schule von Pietro Longhi zeigt eine Szene aus einer frühen venezianischen Opernaufführung. Das Publikum schaut, lauscht und plaudert miteinander.

einstellte. Monteverdi hatte bei der Komposition seinen Gefühlen selbst freien Lauf gelassen und sie als Totenklage über seine Ehefrau, eine damals bedeutende Sängerin, verfaßt, die die Partie der Arianna ursprünglich hätte singen sollen.

Nicht zuletzt dieser emotionale Zugang zum Komponieren war es, der die Opern Monteverdis in Venedig auf fruchtbaren Boden fallen ließ, jener republikanisch regierten Stadtgemeinde, in der neben einer elitären und gebildeten Aristokratie auch das Volk Zugang zu den Theatern hatte, weshalb Oper hier schon sehr früh nicht nur als moralischer Anschauungsunterricht, sondern auch als Volksbelustigung verstanden wurde. *Orfeo*, *Die Krönung der Poppea* oder *Die Rückkehr des Odysseus* waren allesamt veritable Publikumshits. Und als in Venedig im Jahre 1637 das erste öffentliche Opernhaus eröffnet wurde, war der Andrang der venezianischen Bevölkerung so groß, daß binnen kürzester Zeit ein Opernhaus nach dem anderen entstand, bis in der Serenissima schließlich sechzehn kleinere und größere Opernbühnen gezählt wurden.

Das Erfolgsrezept lag in der Öffnung aller emotionellen Schleusen und darin, daß überdies auch noch die Schaulust des Publikums auf ihre Kosten kam. In den Opern Monteverdis und seiner Zeitgenossen wurde nämlich nicht nur gesungen und gelitten, es ereigneten sich auf offener Bühne auch Vulkanausbrüche und Schiffskatastrophen, kompliziert konstruierte Wolkenmaschinen gaukelten den Zuschauern Stürme und Gewitter vor. Triumphwagen rollten mit Roß und Reiter über die Bühne. Wilde Tiere wurden durch die Kulissen getrieben. Kastraten gaben ihre unglaublichen Stimmkapriolen zum besten. Es war also nicht nur Musik, sondern vor allem auch Showbusiness im besten Sinne des Wortes, das die neue Kunstform der Oper ausmachte. Wenn man Monteverdi daher als eine Art Andrew Lloyd Webber des Venedigs der Renaissance bezeichnet, mögen sich zwar bei vielleicht so manchem Musikwissenschaftler die Haare sträuben, letztlich tut man dem *Maestro di Capella di San Marco* allerdings keineswegs Unrecht.

Venezianischer Kanrneval – eine Stadt zwischen Musik und Sinnenfreude, Kultur und Küche, Gemälde von Giovanni Domenico Tiepolo (1727–1804)

Daß man als Opernkomponist in Venedig so schnell wie kaum anderswo berühmt werden konnte, wußten damals viele, weshalb der Zuzug von Komponisten an die Lagune auch enorm war. Venedig war wie ein Magnet, der die Künstler aus vielen Teilen Europas anzog.

Ob mit dem Beruf des *compositore* auch ein entsprechender Reichtum verbunden war, bleibt indessen ungeklärt. Selbst ein so erfolgreicher Musiker wie Francesco Cavalli (1602–1676) konnte sich seinen grandiosen Lebensstil mit vielköpfiger Dienerschaft und eigenem Palazzo am Canal Grande weder von seinem Gehalt als Kapellmeister und Organist von San Marco noch von den Einnahmen aus seinen mehr als dreißig, für die Ausprägung des sogenannten Belcanto-Stils maßgeblichen Opern leisten. Er verdankte sein aufwendiges Leben dem Umstand, daß er 1630 eine vermögende Witwe geehelicht hatte.

GENUG GEGONDELT

Wolfgang Amadeus Mozart (1756–1791), der während seiner ersten Italienreise ausgerechnet zur Karnevalszeit nach Venedig kam, schien von der venezianischen Musik weniger begeistert gewesen zu sein als vom Rhythmus der Meereswellen. Dem Vernehmen nach soll er ganze Tage auf dem Wasser verbracht haben, was er seiner Frau Konstanze in einem Brief vom 20. Februar 1771 auch auf höchst anschauliche Weise schilderte: "Wir sind nun bald genug in den gondoln gefahren. Die ersten täge bewegte sich im Schlafe das ganze Bett, und ich glaubte immer ich wäre in der gondola."

VIVALDI UND ALBINONI – ERST GERÜHMT UND DANN VERGESSEN

Antonio Vivaldi (1678–1741) war nicht nur ein Gottesmann und Teufelsgeiger, sondern auch eine Erscheinung, die in Venedig jedermann kannte: Man nannte ihn wegen seiner Haarfarbe schlicht *il prete rosso*, den "roten Priester", was dazumal in Italien freilich noch keine politische Bedeutung hatte. Es läßt sich leicht vorstellen, wie sehr die Mädchen vom *Ospedale della Pietà*, die seiner musikalischen Obhut anvertraut waren, für ihn schwärmten, und zwar um so mehr, als Vivaldi dem Vernehmen nach ein ganz ausgezeichneter Pädagoge war und nahezu vier Jahrzehnte sich in unterschiedlichen Positionen, vom Geigenlehrer über den Hauskomponisten bis zum *Maestro de' concerti*, am Konservatorium betätigte. Vivaldi war so etwas wie ein Rock-Star der damaligen Zeit. Wo immer er auftrat, waren die Säle gerammelt voll, und auch wenn er stets mit Orchester musizierte, so war er doch einer der ersten, die das "Starprinzip" erfanden, weil er dem Solopart einen völlig neuen Stellenwert verschaffte.

Wie groß die Verehrung war, die Vivaldi bei den Venezianern genoß, das läßt sich nicht zuletzt auch daran ermessen, daß die erst nach Vivaldis Tod im spätbarocken

Regatta auf der Hauptwasserstraße Venedigs, dem Canal Grande,
Gemälde von Canaletto (1697–1768)

Antonio Vivaldi (1678–1741), verehrt als Geiger und Komponist

Stil an der Riva degli Schiavoni errichtete Konservatoriumskirche *Santa Maria della Pietà* (auch *Santa Maria della Visitazione*) schon bald nur noch als *La chiesa di Vivaldi* bekannt war und dies auch bis zum heutigen Tage geblieben ist. Im Andenken an den Meister werden hier heute noch jeden Montag und Samstag Kammerkonzerte gegeben, in deren Mittelpunkt die Musik Vivaldis und seiner Zeitgenossen steht. Seine 446 Konzerte und 19 erhaltenen Opern (von insgesamt 49) gelten somit als ein lebendiges Stück Venedig. Vor allem Vivaldis *Le Quattro Stagioni* – "Die vier Jahreszeiten" – werden als geheime venezianische Hymne gehandelt, und seine Melodien werden nach wie vor von Straßenmusikanten an allen Ecken und Enden der Stadt intoniert und in entsprechend würdigerem Rahmen in Palazzi und Kirchen gespielt.

Weniger gerne erinnert man sich in der Lagunenstadt allerdings daran, daß die Venezianer "ihren" Vivaldi, als er alt und gebrechlich wurde, schlichtweg vergessen haben. Er landete, nachdem er seine Situation im selbstgewählten Wiener Exil verbessern wollte, schließlich völlig mittellos und unbeachtet in einem Obdachlosenasyl der Kaiserstadt, wo er auch starb. Eine Gedenktafel gleich neben der Wiener

Karlskirche erinnert noch heute an diesen eher dunklen Fleck in der Musikgeschichte, der erst in der zweiten Hälfte des zwanzigsten Jahrhunderts wieder einigermaßen ausgebügelt wurde, als die Schallplattenindustrie das enorme künstlerische und kommerzielle Potential des Vivaldischen Oeuvre und dessen besondere Eignung für sogenannte *crossovers*, wie die Interpretationen durch das *Rondo Veneziano*-Ensemble oder den Geiger Nigel Kennedy, erkannte.

Noch um die Jahrhundertwende war Vivaldi nämlich nur ein paar Musikwissenschaftlern bekannt, und zwar als eher unbedeutender italienischer Barockkomponist, von dem der große Johann Sebastian Bach ein paar Orgeltranskriptionen angefertigt hatte. Und selbst ein deklarierter Liebhaber der venezianischen Musik wie Igor Strawinsky höhnte noch, Vivaldi habe lediglich ein und dasselbe Konzert sechshundertmal hintereinander komponiert.

Es zählt zu den unergründbaren Zufällen in der Geschichte der Musik, daß jenem Komponisten, der bis heute am häufigsten in einem Atemzug mit Vivaldi genannt und oft auch auf denselben CDs eingespielt wird, ein ganz ähnliches Schicksal widerfuhr. Tomaso Albinoni (1671–1750), der heute wie Vivaldi zu den ganz Großen der venezianischen Barockmusik gezählt wird, geriet trotz seiner enormen Popularität ebenfalls noch zu Lebzeiten in Vergessenheit bei seinen Landsleuten. Er starb im Alter von achtzig ruhmlos und mutterseelenallein mitten in seiner Heimatstadt, die ihn noch wenige Jahrzehnte zuvor so gefeiert hatte. Von den 60 Opern, die er schrieb, sind nur noch fünf erhalten geblieben, und im gegenwärtigen Klassik-Business ist er vor allem durch jenes "Adagio für Streicher und Orgel" präsent, das mit Recht als einer der meistgespielten "Ohrwürmer" des klassischen Repertoires gilt, dessen Instrumentierung allerdings nicht von Albinoni selbst stammt, sondern erst 1970 von seinem Biographen Remo Giazotto vorgenommen wurde.

PFEIFT LIEBER!

Gioacchino Rossini (1792–1868), der meisterliche Compositeur der Töne und Aromen, unterhielt zu Venedig, allein schon wegen der hier zelebrierten kulinarischen Genüsse, allerbeste Beziehungen. Sowohl in der Buffo-Oper von San Moisé als auch im Teatro La Fenice wurden seine Opern aufgeführt, und in dem Salizzada Teatro benannte man sogar ein eigenes Opernhaus nach ihm, in dem sich heute jedoch – horribile dictu – ein Lichtspieltheater befindet.

Nicht immer waren Rossinis venezianische Auftritte allerdings von Erfolg gekrönt. Die Oper *Sigismondo* beispielsweise erfreute sich zwar bei den Musikern großer Wertschätzung, wurde aber vom Publikum ziemlich kühl aufgenommen. "Trotz der günstigen Voraussagen", schreibt ein Zeitgenosse, "produzierte *Sigismondo* allgemeine Langeweile und wurde mit einstimmigem Gähnen begrüßt". Rossini, der die Aufführung leitete, wurde von dieser Langeweile selbst angesteckt und sagte später, daß er noch niemals bei einer Erstaufführung so gelitten habe. Einigen Freunden, die nahe beim Orchester saßen und Beifall klatschen wollten, sagte er laut: "Pfeift, pfeift lieber!"

WO RIGOLETTO UND VIOLETTA DAS LICHT DER OPERNWELT ERBLICKTEN

Als am 29. Januar 1996 in den späten Abendstunden über die Nachrichtenagenturen weltweit die Hiobsbotschaft verbreitet wurde, das Teatro La Fenice sei abgebrannt, gingen die Emotionen fast so hoch wie beim Ableben von Lady Diana. Denn nicht irgendein Opernhaus war da abgebrannt, sondern vielmehr die Mutter aller Opernhäuser. Gewiß: Das am 16. Mai 1792 mit Giovanni Paisiellos *I giochi di Agrigento* eröffnete und von der Dimension her recht überschaubare Rokoko-Theater mit seiner gleißenden Blattgold-Opulenz, den intimen Logen und der grandiosen

OBEN Vergoldeter Phönix am Operneingang
UNTEN Das Teatro La Fenice vor dem Brand

Akustik war nicht das größte und vielleicht auch nicht das berühmteste der Welt. Doch es war das Theater, in dem neben vielen anderen Musikdramen Giuseppe Verdis *Ernani*, *Attila*, *Simon Boccanegra*, *Rigoletto* und *La Traviata*, Gioacchino Rossinis *Tancredi* und *Semiramide*, Gaetano Donizettis *Anna Bolena*, Vincenzo Bellinis *I Capuleti e i Montecchi* sowie – last not least – Igor Strawinskys *The Rake's Progress* uraufgeführt wurden.

Als späte Nachfolgerin des 1637 eröffneten Teatro San Cassiano, das mit Recht als das erste Opernhaus der Welt gilt, stand das nach dem Phönix (italienisch Fenice) benannte Musiktheater, dessen Kulissen teilweise noch auf Gondeln an die Bühnentür transportiert wurden, unmittelbar in jener Tradition, in welcher Claudio Monteverdi gemeinsam mit Zeitgenossen wie etwa dem Florentiner Jacopo Peri (1561–1633) zu Beginn des siebzehnten Jahrhunderts die moderne Oper begründete.

Über die Brandursache gehen die Meinungen weit auseinander und machen einmal das mangelhafte Brandmeldesystem verantwortlich, während andererseits auch von brandlegerischen Machenschaften der Mafia gemunkelt wird. Bis zum Jahr

Der russische Komponist Igor Strawinsky (1882–1971) dirigiert 1951 das Orchester im Teatro La Fenice.

Bühne und Zuschauerraum im Teatro La Fenice im 18. Jh.

2000 soll es jedoch soweit sein, daß das bis auf die Grundfesten abgebrannte Teatro La Fenice wieder in neuem Glanz erstrahlen kann. Eine Welle der internationalen Solidarität unter Musikfreunden, Benefizkonzerte großer Tenöre und Primadonnen, Spenden von Opernfans aus aller Welt sowie eine beachtliche Finanzspritze aus dem UNESCO-Topf sorgten dafür, daß von den geschätzten 100 Milliarden Lire, die die Renovierung vermutlich kosten wird, bereits kurz nach dem Brand mehr als die Hälfte aufgebracht worden war. Die Chancen, daß das *Gran Teatro La Fenice* seinem Wappentier alle Ehre macht und schon bald wieder in neuer Pracht wie der sprichwörtliche Phönix aus der Asche steigt, stehen also ziemlich gut.

Bis dahin müssen Venedig-Besucher ihren Aufenthalt jedoch dennoch nicht opernlos verstreichen lassen. Im Opernzelt PalaFenice nahe dem Parkhaus Tronchetto werden bis zur Eröffnung der neuen Spielstätte regelmäßig Opern, Ballette und Symphoniekonzerte aufgeführt.

LIEBESTOD AM CANAL GRANDE

Böse Zungen sagen Richard Wagner (1813–83) nach, der Weltmeister der wabernden Klänge und großen Gesten sei ausschließlich deswegen nach Venedig gekommen, um sein eigenes Sterben stimmungsvoll als letztes Bühnenweihfestspiel in Szene zu setzen – wofür sich der düstere Palazzo Vendramin in der morbiden Lagunenstadt nun einmal wesentlich besser eignete als die Wahnfried-Villa am grünen Hügel in Bayreuth. Zweifellos wußte Wagner, daß die Stunde, in welcher "der öde Tag zum letzten Mal" anbrechen würde, nicht mehr fern war, und er wies auch einen Gondoliere an, sich für den Fall aller Fälle bereitzuhalten, um jeden Moment den Job des Fährmanns Charon übernehmen zu können.

Doch Richard Wagner hatte seine Liebe zu Venedig nicht erst angesichts des bevorstehenden Todes entdeckt. Er hatte sich hier bereits in den Jahren 1858–1859, ebenfalls am Canal Grande, niedergelassen, um im Palazzo Giustinian den zweiten Akt von *Tristan und Isolde*, der auch das große Liebesduett enthält, zu orchestrieren.

GÖTTERDÄMMERUNG AM CANAL GRANDE

Zwei Monate, nachdem Richard Wagner am 13. Februar 1883, mitten in der Karnevalszeit, in Venedig verstorben war, nahmen die Venezianer von ihm Abschied, indem sie das deutsche Ring-Ensemble zu einer Aufführung der Götterdämmerung ins Teatro La Fenice einluden. Doch damit waren die verspäteten Trauerfeierlichkeiten längst nicht an ihrem Ende angelangt. Ein Teilnehmer erinnert sich an die letzte musikalische Hommage an Richard Wagner vor dem Palazzo Vendramin, in dem er seine letzten Tage zugebracht hatte: "Das Munizipium von Venedig hatte uns für die Aufstellung des Orchesters die nur für besondere festliche Gelegenheiten bestimmte große Prachtbarke zur Verfügung gestellt, auf der das Orchester Platz nahm. Die Künstler und Künstlerinnen folgten in sechs der wohlbekannten langgestreckten Gondeln nach, während viele hundert andere dieser schlanken Boote uns den Canal Grande entlang das Geleite gaben, bis zum Palazzo Vendramin, wo sich alle rings um uns anreihten, der gesamte venezianische Adel in den eigenen prächtigen Fahrzeugen, in Flor verhangen, dann alle die Fremden, die noch Gondeln hatten finden können: eine fast unübersehbare, reich bewegte, ernst ergreifende Trauergemeinde. Kapellmeister Anton Seidl unten auf dem Wasser setzte mit den mächtigen Klängen des Trauermarsches aus der Götterdämmerung ein. Wir entblößten unser Haupt: und alle rings umher zu Wasser und zu Lande – alle Dächer im Umkreis des Canal Grande waren mit Menschen besät – folgten unserem Beispiele. In tiefer Ergriffenheit wurde nun dieses unvergleichliche Tonstück vernommen, während wohlig laue Düfte aus den blühenden Gärten und Inseln wie von fern herübergeweht kamen."

Oben Sonnenaufgang am Canal Grande mit Blick auf Santa Maria della Salute
Links Richard Wagner (1813–1883), Porträt von Franz Hanfstaengl

Auch mit seinem Schwiegervater Franz Liszt (1811–1886) ist Wagner hier öfter zusammengekommen.

Zwischen Wagner und Venedig, so läßt es schon Wagners erste venezianische Tagebucheintragung vermuten, entspann sich so etwas wie eine Liebe auf den ersten Blick: "Am 29. August in Venedig angekommen. Auf der Fahrt den großen Canal entlang zur Piazetta melancholischer Eindruck und ernste Stimmung: Größe, Schönheit und Verfall dicht nebeneinander. Marcusplatz von zauberischem Eindruck. Eine durchaus ferne, ausgelebte Welt: sie stimmt zu dem Wunsch der Einsamkeit vortrefflich. Nichts berührt unmittelbar als reales Leben; alles wirkt objektiv, wie ein Kunstwerk. Ich *will* hier bleiben – und somit werde ich es."

Fast ein Vierteljahrhundert später, am 13. Februar 1883 starb Richard Wagner in Venedig, und längst sind Wagner-Klänge auch von den einheimischen Musikern und Musikfreunden als ein wenngleich etwas bizarrer Teil der venezianischen Musik "eingemeindet" worden.

Die Venezianer liebten Richard Wagner – was etwa in deutschen Landen keineswegs überall der Fall war – allerdings auch schon zu Lebzeiten und taten alles, um dem Meister sein Leben an der Lagune so angenehm wie nur irgend möglich zu machen. So erinnerte sich Wagner, daß er "gleich mehrere Male am Schlusse der Mahlzeit durch das plötzliche Erklingen" seiner Ouvertüren überrascht wurde. "Ich wußte dann", so schreibt er weiter, "wenn ich vom Fenster des Restaurants aus mich dem Eindrucke hingab, nicht, was berauschender auf mich wirkte; der unver-

Winternebel in der Morgendämmerung hüllt die vor dem Dogenpalast vertäuten Gondeln ein.

gleichliche, prachtvoll erleuchtete, von unzähligen sich ergehenden Menschen erfüllte Platz oder die alles dieses wie in brausender Verklärung den Lüften zutragende Musik".

Am Ende seines Lebens prophezeite Richard Wagner just an jenem Ort, an dem Monteverdi endgültig das Opernzeitalter ausgerufen hatte, mit seinem eigenen Ende auch gleichzeitig eine Götterdämmerung im Komponistenhimmel. Cosima Wagner, die Tochter Franz Liszts, der Wagner auch noch in seinen letzten Tagen in Venedig besuchte, zitiert diesen Ausspruch so: "Aber es ist zu Ende mit der Musik, und ich weiß nicht, ob meine dramatischen Explosionen das Ende aufhalten können. Es hat so kurz gedauert. Aber diese Dinge haben mit Raum und Zeit nichts zu schaffen." Und Wagner beschließt seine letzten überlieferten Worte mit einer Replik auf einen prominenten Venezianer, dessen Schicksal sich in Venedig erfüllte: "Ich bin wie Othello, mein Tagwerk ist vorbei."

Trotz solcher Kassandrarufe hat die Musik selbst einen Richard Wagner überlebt, nicht zuletzt auch dank dessen eigener Werke. Am Markusplatz kann man im Caffé Quadri jedenfalls noch heute dem Liebestod, dem Lohengrin-Vorspiel, dem Walkürenritt oder der Meistersinger-Ouvertüre in der Fassung für zwei Geigen, Klavier, Klarinette, Akkordeon und Baßgeige lauschen, in welcher sogar die erdigen Klänge des Bayreuther Meisters fast etwas Luftig-Leichtfüßig-Ätherisches annehmen. Die Stadt, scheint's, ist immer noch stärker als die Menschen, die in ihr wirken.

MAHLERS ZEHNTE KOMMT AUS VENEDIG

Wer glaubt, Gustav Mahler (1860–1911), der unfreiwillige Komponist der Filmmusik zu Viscontis "Tod in Venedig", habe wie seine Kollegen Beethoven und Bruckner nur neun Symphonien geschrieben, der irrt. Tatsächlich taucht das Adagio aus der X. Symphonie mitunter in Konzertsälen auf, und es ist von ähnlicher Klangschönheit wie jenes Adagietto aus der V. Symphonie, bei dem Gustav von Aschenbach vulgo Dirk Bogarde am Lagunenstrand sein Leben aushaucht. In Venedig lebt und arbeitet übrigens auch der Komponist und Dirigent Rudolf Barshai, dessen erklärtes Ziel die Vervollständigung der bruchstückhaft vorliegenden Partitur von Mahlers Zehnter war. Die Rekonstruktion ging, wie Barshai betont, "ganz in der Manier des Meisters" vor sich. Und vorgestellt wurde der "neue alte Mahler" auch bereits – in Venedig, versteht sich.

Szene aus Luchino Viscontis Film "Tod in Venedig", gedreht nach der gleichnamigen Erzählung von Thomas Mann

Wo Carpaccio und Tiramisu erfunden wurden

Die venezianische Küche ist wie Venedigs Musik: leicht, raffiniert und voll von sprühenden Ideen.

DREI VENEZIEN – EINE KÜCHE

Es gibt nur ein Venedig, aber was die venezianische Küche betrifft, so gibt es – zumindest historisch gesehen – gleich drei Venezien, die von der mächtigen Lagunenstadt gleichermaßen abhängig waren, wie sie auch ihre Küche bis heute maßgeblich beeinflußten. Gemeint ist natürlich zunächst der *Veneto*, das klassische Hinterland Venedigs, in dem die Dogen und deren Günstlinge in lieblicher Landschaft ihre Villen zu errichten pflegten. Etwas entlegener ist da schon die Region *Trentino-Südtirol*, der die venezianische Küche vor allem ihre deftigen Spezialitäten verdankt (nicht zuletzt die berühmte *fegato alla veneziana*, die nichts anderes als ein mediterraner und daher leichterer (sprich: ohne Speck zubereiteter) Abkömmling der nicht minder berühmten Tiroler Leber ist). Und dann ist da schließlich noch, in unmittelbarer Nachbarschaft der Serenissima, *Julisch-Venetien*, jene Lagunenlandschaft, die sich gemeinsam mit dem sich anschließenden Hinterland, zu dem auch die lieblichen Weinberge des sogenannten Collio gehören, über Marano und Grado

SARDINEN FÜR DEN ERLÖSER

Sarde in saor sind in Venedig das ganze Jahr hindurch eine ebenso beliebte wie süß-saure Spezialität. Was früher auch als beliebtes Seefahreressen galt, weil es vor Skorbut schützte, ist heute vor allem unter Gourmets beliebt. Doch auch die Venezianer selbst lieben diese einstige Armeleutekost, die alljährlich in der *notte del redentore* – der Nacht des Erlösers – am dritten Samstag im Juli in das Zentrum eines riesigen Festes gerückt wird. Ganz Venedig scheint an diesem Abend mit dem Boot unterwegs zu sein. Das Ziel ist die Lagune, wo dann das traditionelle Mitternachtspicknick stattfindet: bei Feuerwerk und *sarde in saor*.

Blick vom Campanile nach Südwesten auf das Hauptzollamt (Dogana di Mare)

bis nach Triest erstreckt. Gerade aus diesem Gebiet, das bis 1918 unter österreichischer Oberhoheit stand, stammen viele Gerichte, in denen der Einfluß der Wiener Küche – man denke nur an *goulasch, crauti* (Sauerkraut), *canederli* (Knödel), *cugeluf* (Guglhupf), *palacinche* (Pfannkuchen) oder *strucolo* (Strudel) – bis heute herausgeschmeckt werden kann.

LAGUNENFISCHER

Die Lagunen von Venedig sowie den östlichen Nachbarorten Marano Lagunare und Grado lassen sich rein geographisch zwar genau voneinander trennen, präsentieren sich dem Auge des Betrachters jedoch als ein Patchwork von sanften Erhebungen in seichten Wasserstraßen, in denen man sich nur mit kleinen Fischerbooten oder fashionablen Segeljachten von *tapo* zu *tapo* vortasten kann. So heißen die ungezählten kleinen Inselchen, zwischen denen sich jene Lagunenfischer ihr hartes Brot verdienen, die der Gradenser Dichter Biagio Marin einmal als "Kommandeure der Sümpfe" bezeichnet hat. Ihr Weg ist von vielerlei Pfeilern, Pfählen und in den

Schlamm gerammten Staken gesäumt. Die meisten von ihnen sind markiert, manche weiß und rot, manche schwarz und weiß, manche auch grün und schwarz oder grün und weiß. Die Markierung scheint – zumindest für den oberflächlichen Betrachter – keinem bestimmten System zu folgen, sondern ihre ausgewaschenen Musterungen eher dem Zufall zu verdanken. Kein Pfahl gleicht dem anderen. Manche wirken wie bunte Totempfähle, andere wurden als Halterungen für Verkehrszeichen zweckentfremdet, runde weiße Schilder mit roten Umrandungen zeigen Geschwindigkeitsbegrenzungen für die Boote an, als befände man sich auf einer verkehrsberuhigten Nebenstraße.

Diese grandiose Stadtansicht von Venedig aus dem 17. Jh. stammt aus der Italienischen Schule. Sie hängt heute im Museo Correr.

Wer von einem dieser Boote auf schwankenden Bohlen von der Lagune aus die Silhouette Venedigs erblickt, der versteht plötzlich Claudio Magris, den Chronisten dieser vielbesungenen und vielgeschmähten Küstenregion, der über die oft genug als Brackwasser denunzierten nordadriatischen Gewässer schrieb: "Wie die Blume des *tapo* blüht aus diesen Sümpfen auch die Stadt, die Geschichte. Aus diesen Lagunen entsteht Venedig."

Und mit Venedig entsteht die venezianische Meeresküche. Gewiß: *branzino* (Meerbarsch) und *rombo* (Steinbutt) verirren sich kaum noch mehr in die algendurchwirkten Lagunengewässer. *Scarpena* (Drachenkopf), *muggine* (Meeräsche) und *dorada* (Goldbrasse) stammen meist aus den tieferen und klareren Fischgründen Kroatiens und Dalmatiens. Und was, wie Hummer oder Langusten, gut und teuer ist, wird ohnedies im Kühlwagen von Sardinien oder dem Atlantik herbeigeschafft. Fischerkähne, die zwischen Grado und Chioggia ihre Netze auswerfen, sammeln meist nur Sardinen ein, die so klein sind, daß sie – in Mehl gewälzt und knusprig fritiert – mitsamt dem Kopf gegessen werden können. Oder aber sie schaffen die Grundlage für einen venezianischen *brodetto*, eine ziemlich deftige Fischsuppe, in der so ziemlich alles drin ist, was das Meer gerade hergibt.

Ganz so schlimm, wie die Fama von der komplett ausgefischten Adria es wissen will, ist die Situation aber auch wieder nicht. In den Küstengewässern tummeln sich immer noch reichlich kleine Seezungen, saftige *seppioline* (kleine Tintenfische), die zarten *canocchie* (Heuschreckenkrebse) mit ihrem durchscheinenden, graubeigen Panzer, die *garusole* oder Herkulessäulen genannten winzigen Meerschnecken, die wie winzige Jakobsmuscheln aussehenden *canestrelli*, die *capelunghe* genannten Messermuscheln mit ihren fingerlangen, scharfen Gehäusen, die herzförmigen *vongole* oder Venusmuscheln, die schwer auszulösenden, aber um so wohlschmeckenderen *granseole* (Meerspinnen), die muskulös-geschmacksintensiven *tartufi di mare* (Meerestrüffeln), die delikaten *bovoletti* (Kreiselschnecken) sowie der hierzulande *asia* genannte Dornhai, der als besondere Delikatesse der venezianischen Lagunengewässer gilt. Sie alle werden, gemeinsam mit Stachelrochen, Lachsen, Meerbarschen, Garnelen sowie anderen Edelfischen und Meerestieren in der berühmten venezia-

Oben Buchillustration eines venezianischen Fischhändlers von Jan van Grevenbroeck (1731–1807)
Links Filetieren von Fisch auf dem Fischmarkt in Venedig

nischen *pescheria* – dem Fischmarkt – angeboten, der äußerst malerisch zwischen dem Gewürzmarkt in der Ruga degli Speziali und dem Canal Grande liegt.

Es ist keine reiche und keine vornehme Küche, die da aus den Sümpfen rund um die Lagunenstadt erwächst (auch wenn sie leider längst nicht mehr billig ist). Wie auf einem guten Bauernhof wird vom eingebrachten Fischfang möglichst alles irgendwie verwertet, sogar das schwarze Sekret der Tintenfische. Ihm verdanken zwei der berühmtesten Gerichte Venedigs ihren Namen: Einen *risotto nero* oder *spaghetti neri* muß man einfach probiert haben, auch wenn einem beim ersten Bissen möglicherweise ganz schwarz vor den Augen wird. Aber wetten? Spätestens nach dem dritten Bissen sind zumindest vorurteilsfreie Schlemmer schlichtweg begeistert.

KÖSTLICHES AUS DEM HINTERLAND

Wer in Venedig einkehrt, wird vorwiegend mit der venezianischen Fischküche konfrontiert. Fleischspezialitäten gibt es in der Stadt selbst nur wenige, obwohl das venezianische Hinterland besonders reich daran ist. Tatsächlich haben die alten Venezianer, die sich schon immer gerne in die *Marca gioiosa e amorosa* – das freudvolle und liebliche Land rund um Treviso – zurückzogen, stets auch die Fleisch- und Gemüseküche der drei Venezien zu schätzen gewußt. Und so findet sich in so manchem venezianischen Palazzo ein echter friaulanischer Fogolar, jener offene Allzweckherd, auf dem man über glühender Holzkohle *faraone* (Rebhühner) braten, eine Kalbs- oder Hasenleber rösten, eine *gallina padovana* – die köstliche Hühnersorte aus Padua – braten oder den geschmackvollen, weißgerippten und länglichen Radicchio di Treviso gemeinsam mit Fenchelscheiben grillen kann. Aus Treviso stammen übrigens auch die besten Kuttelrezepte, die die Bewohner der Serenissima, wie so vieles andere aus dem Umland, mit großer Freude in den venezianischen

LINKS Marktszene an der berühmten Promenade Riva degli Schiavoni, Ausschnitt aus einem Gemälde von Leandro Bassano (1557–1662)
UNTEN Obststand am Rialtomarkt

Küchenkanon aufnahmen. Aus dem Brentatal haben die Venezianer wiederum ihre typischen *bigoli* übernommen, jene dicklichen Vollkornspaghetti, die am besten in einer pikanten Sauce aus Sardellen, Meeresfrüchten, Schalotten und Olivenöl munden und die man im alten Venedig – was uns heute ein wenig dekadent dünkt – gerne mit Hahnenkämmen zubereitete.

Aufgrund seiner geopolitischen Situation und seiner Handelsmacht war Venedig jahrhundertelang in der Lage, sich von allem das Beste zu leisten. So holte man sich den luftgetrockneten Schinken aus San Daniele, die Truthähne aus Vicenza, die Weine aus dem Collio, den Weinbergen rund um den Gardasee, und den Colli Berici, den Grappa aus Conegliano oder der Bergstadt Bassano und den Prosecco aus Valdobbiadene.

Die einfache Küche aus den Bergen hat auch im mondänen Venedig unauslöschliche Spuren hinterlassen. Zu den Lieblingsgerichten der Venezianer zählt daher zweifellos auch die einfache *frittata* oder *settemplice* – ein simpler Eierpfannkuchen mit frischen Kräutern, der freilich eine wahre Köstlichkeit sein kann und von dem auch eine der beliebtesten Suppeneinlage der Wiener Küche – die Frittaten – ihren Namen ableiten.

DAS SÜSSE VENEDIG

Venedig galt dank seiner guten Beziehungen zum arabischen Raum schon sehr früh als europäische Metropole der Zuckerbäckerei. Bereits 996 setzt der französische Historiker Dorveaux in seinem Buch *Le sucre au moyen âge* den Einzug des Zuckers in Venedig an. Der amerikanische Zuckerhistoriker Sidney W. Mintz hält dieses Datum in seiner Zucker-Kulturgeschichte sogar für wesentlich zu spät geschätzt und ver-

DAS ZUCKERBROT DES HL. MARKUS

Daß die Gebeine des hl. Markus ausgerechnet in Schweinebäuchen aus dem ägyptischen Alexandrien herausgeschmuggelt wurden, bevor man über ihnen im Jahre 828 die Mauern des Markusdoms errichtete, hat seinen Grund darin, daß man mit Recht hoffte, die Muslime würden die Schweine nicht anrühren und daher auch die wertvollen Reliquien nicht bemerken. Im übrigen ist San Marco jedoch keinesfalls ein Schutzpatron der Schweinefleischesser, sondern schon viel eher einer der Naschkatzen. Sie verdanken ihm nämlich – so geht zumindest die Fama – das Marzipan, das wegen des niedrigen Zuckerpreises im mittelalterlichen Venedig so billig wie nirgendwo anders war und schlicht und einfach Marci panis – das Brot des heiligen Markus – genannt wurde.

So die schöne Legende. In Wahrheit wurde jedoch das Marzipan als Mandelbrot schon im 5. Jahrhundert vor Christus auf der Insel Samos erfunden. Und der Name Marzipan geht auf ein frühlingshaftes Brauchtumsgebäck der alten Römer zurück, die ihrem Gott Mars ein pane Martius genanntes Mandelbrötchen als Märzopfer darbrachten.

Genußvoll wird die Schokolade am frühen Morgen getrunken.
Gemälde von Pietro Longhi (1702–1788)

leiht seiner Überzeugung Ausdruck, daß der Zucker bereits noch früher in Venedig zu finden war.

Es dauerte vor dem Hintergrund des durch die Kreuzzüge in Bewegung geratenen Europa nicht lange, bis sich auch in Venedig, dem wichtigsten Umschlagplatz des mittelalterlichen Warenverkehrs, Zuckerraffinerien etablierten, die schon bald im Ruf standen, die besten der Welt zu sein. Auch die Profession des Zuckerbäckers ist in Venedig bereits seit dem zwölften Jahrhundert bekannt. Die Legende, daß die Kunst der Zuckerherstellung von einem Venezianer erfunden worden sei, wurde zwar vom Canal Grande aus jahrhundertelang kräftig genährt, ist allerdings falsch. Diese Errungenschaft bleibt schon den Arabern vorbehalten.

Nicht zuletzt verdankt sogar die Gabel ihre Rolle als Fünfzig-Prozent-Teilhaberin des klassischen Eßbestecks dem Zucker. Sie diente nämlich, noch lange bevor sie zum Zwilling des Messers wurde, vor allem dem Aufspießen von Süßigkeiten und Bonbons – eine Sitte, die sich vermutlich von Venedig aus verbreitet hat. So verwundert es nicht, wenn vor allem die kirchliche Obrigkeit der Gabel gegenüber zunächst äußerst skeptisch eingestellt war und in den damals noch üblichen zwei Gabelzinken nicht mehr und nicht weniger als die Bockshörner des Teufels sah. Die Vermutung, daß der Zorn der geistlichen Herren weniger dem an sich harmlosen Tafelwerkzeug selbst als vielmehr den "sündig süßen Bissen" galt, die damit aufgespießt wurden, entbehrt daher durchaus nicht einer gewissen Logik. Keineswegs zufällig

UNTEN *Verkäuferin von Faschingskrapfen, Gemälde von Pietro Longhi (1702–1788)*
RECHTS *Feiernde Venezianer im Karnevalskostüm vor dem Dogenpalast*

nannten die Venezianer ihr Konfekt damals entlarvenderweise *diavolini alla cioccolata*: Schokoladeteufelchen.

Neben dem Konfekt verdankt die süße Welt Venedig möglicherweise noch eine andere Köstlichkeit, auch wenn es in Sachen Legendenbildung damit mit Wien wetteifern muß. Die Rede ist vom Faschingskrapfen, einem alle Jahre wieder zur Karnevalszeit in Butterschmalz herausgebackenen Leckerbissen, dessen "Erfindung" die Wiener rund um den Wiener Kongreß festlegen, wo ihn eine Hofratsköchin namens Cäcilia Krapf erstmals gebacken haben soll.

Tatsächlich ist die Tradition der Krapfenbäckerei jedoch wesentlich älter. Daher ist es wohl keineswegs so vermessen, wenn die Venezianer ihre althergebrachten runden *fritole* für sich reklamieren, ohne die der venezianische Karneval ebenso undenkbar wäre wie ohne Kostüme und Schnabelmasken. In allen Trattorien und Osterien der Stadt sind diese Köstlichkeiten höchst dekorativ aufgeschichtet und tragen das Image der Venezianer als besondere Zuckerschlecker und Leckermäuler in alle Welt.

Wenn heutzutage vom süßen Venedig die Rede ist, so denkt man dennoch nicht in erster Linie an die *fritole*, sondern vielmehr an das *tira mi su*, das ebenfalls eine uralte venezianische Spezialität ist. Noch vor einem Jahrzehnt hätte man bei einer Umfrage allerdings höchstens ein paar notorische Italien-Freaks gefunden, die mit dem seltsamen Namen etwas anzufangen gewußt hätten. Heute zählt das neuerdings zusammengeschriebene Tiramisu zu einem der bevorzugten und vor allem von Kindern heißgeliebten Desserts, und fast jede Hausfrau hat ihr ganz spezielles "Geheimrezept", wie man es zubereitet. Was die seltsamen drei Worte, die wie ein Zauberspruch klingen, tatsächlich bedeuten, ist nach wie vor weitgehend unbekannt geblieben. Die wörtliche Übersetzung "Zieh mich hinauf!" bezieht sich wohl auf die Funktion des kräftigen Desserts in der Menüabfolge, die dazu führen soll, daß man nach einem langen Essen durch den Schuß Kaffee, den das Tiramisu unbedingt enthalten muß, die Lebensgeister wieder weckt.

IN ARRIGO CIPRIANIS SCHLEMMERLABOR

Wenn es gilt, den erfolg- und ideenreichsten Gastronomen des zu Ende gehenden zwanzigsten Jahrhunderts zu küren, so heißt dieser nicht Bocuse, Girardet oder Witzigmann, sondern ganz sicherlich Arrigo Cipriani. Er hat nicht nur das Barsortiment um den heute weltweit getrunkenen *Bellini-Cocktail*, der aus dem Mark weißer Pfirsiche und Prosecco besteht, bereichert, sondern der Welt das sicherlich erfolgreichste und meistkopierte Gericht des zwanzigsten Jahrhunderts geschenkt: das *carpaccio*.

Erfunden wurde dieses Gericht 1950 in Ciprianis legendärer "Harry's Bar", zu deren Stammklientel neben Ernest Hemingway und William Somerset-Maugham, Truman Capote oder Charly Chaplin auch zahlreiche Hollywood-Stars, weltberühmte Tenöre und Primadonnen gehörten und auch heute noch gehören. Die

Gemälde wie "Heilung eines Besessenen durch die Kreuzreliquie am Rialto" von Vittore Carpaccio (um 1460–1523) inspirierten Arrigo Cipriani, sein "carpaccio" zu kreieren.

Idee zu diesem Gericht wurde von Arrigo Cipriani sen. interessanterweise während eines Kunstgenusses und nicht am Tresen geboren. Als er 1950 im Dogenpalast eine Retrospektive der Werke des Renaissancemalers Vittore Carpaccio besuchte, bewunderte Cipriani ganz besonders die Fähigkeit des Künstlers, ein leuchtendes Rot mit strahlendem Weiß zu kombinieren, wobei er, ganz Koch und Gastronom, plötzlich an rohes, rotes Fleisch und weiße Sauce denken mußte.

Es dauerte nicht lange, bis Cipriani Gelegenheit bekam, diese Idee auch in die Tat umzusetzen. Zu seinen liebsten Stammgästen zählte damals eine gewisse Contessa Amalia Nani Mocenigo, welcher der Arzt gerade eine strenge Diät verordnet hatte, während derer sie wochenlang keine gekochten Speisen zu sich nehmen durfte. Der Aufforderung, sich zu diesem Thema etwas Wohlschmeckendes einfallen zu lassen, folgte Cipriani daher binnen kürzester Zeit, indem er ein Filet Mignon hauchdünn aufschnitt und eine weiße Sauce aus Senf und Mayonnaise dazu reichte. Auf die Frage, wie dieses Gericht denn heiße, antwortete Cipriani kurz entschlossen: *carpaccio.*

Die fleischeslustige Rohkost sollte neben dem *Bellini* die berühmteste Kreation aus Arrigo Ciprianis phantasiereicher kulinarischer Werkstatt werden. Hier entstanden allerdings auch noch viele andere, weniger bekannte, aber mindestens genauso wohlschmeckende Gerichte wie beispielsweise Seezunge Casanova, die Cipriani-Variante der *Crêpes à la Crème*, der armorikanische Hummer mit venezianischem Pilaw-Reis, die Scampi Thermidor, der Seeteufel mit grünen Bohnen oder

Ernest Hemingway probiert venezianischen Wein in Harry´s Bar.

NOBELPREIS AUS VENEDIG

Zu den berühmtesten Stammgästen von "Harry´s Bar" in Venedig zählten neben zahlreichen Musikern auch viele Schriftsteller, allen voran Ernest Hemingway, der die Bar, in der er in Venedig beinahe zu wohnen pflegte, auch als Schauplatz in seinen Roman "Über den Fluß und in die Wälder" aufnahm. "Hat ganz schön viel Reklame für Dein Lokal gemacht, dieser Hemingway", wurde Arrigo Cipriani einmal auf seinen prominenten Stammgast angesprochen. Der freilich blieb cool: "Wir haben für ihn Reklame gemacht. Warum glauben Sie, hat er den Nobelpreis erhalten, nachdem er über Harry´s Bar geschrieben hat und nicht davor?"

Die amerikanische Sängerin und Tänzerin Josephine Baker (1906–1975) genießt voller Freude einen Cocktail in ihrer Hotelbar in Venedig.

die aus Senfpulver, Rotweinessig und zweierlei Olivenöl gemixte *Harry's Bar Vinaigrette.*

Mittlerweile hat sich das Carpaccio allerdings von seinem Erfinder längst emanzipiert und ein Eigenleben entwickelt. Die Farbe Rot ist ebensowenig mehr ein Muß wie das Rindfleisch. Es gibt längst Carpaccios von Angler (Seeteufel, Lotte), Steinbutt, Taube und sogar schon von Tomaten, Kartoffeln oder frischen Früchten. Kurzum: Das Carpaccio hat Venedig weit hinter sich gelassen und ist zum Gattungsbegriff für alles und jedes geworden, das sich irgendwie hauchdünn aufschneiden und marinieren läßt. Kein Wunder, daß sich Arrigo Cipriani jun. mehr als einmal darüber ärgerte, daß sein Vater zwar ein guter Koch, aber nicht gerade ein PR-Genie war. "Hätte er das Carpaccio ganz einfach Cipriani genannt", sagte er einmal, "so wäre es nicht minder erfolgreich geworden. Und die Werbewirkung für den Namen unseres Hauses wäre enorm gewesen." Fragt sich bloß, ob der Name Cipriani in und außerhalb Venedigs heute wirklich noch beworben werden muß.

Bacari con Fuoco

In einer Stadt, in der man ebenso gut ißt wie gerne musiziert, ist die Kunst des beschwingten "Giro de ombre" leicht zu erlernen. Mit der folgenden kleinen Anleitung erhöht man allerdings die Treffsicherheit und erspart sich Enttäuschungen.

DIE SCHÖNE KUNST, EINEN SCHATTEN ZU LEEREN

Die venezianische Maßeinheit für eine die ganze Stadt animierende alkoholische Springflut ist die *ombra* – was soviel wie Schatten bedeutet. Es handelt sich dabei für gewöhnlich um ein schlichtes, schmuckloses Dezi-Gläschen, manchmal auch um ein noch kleineres, eher an Likörschlürfen gemahnendes Behältnis, das man süffisant auch eine *ombretta* nennt. Die Sparsamkeit des Genusses hat ein Äquivalent in der Preisgestaltung. Selten wird man für eine *ombra* Faßwein mehr als 1000 Lire bezahlen, beim Prosecco hat man sich auf 1500 Lire eingependelt, was den Durchschnittskosten für einen Espresso entspricht.

Eine kleine Kapelle spielt für die Stammgäste eines Cafés an der Piazza, wo ein Glas Wein genauso teuer ist wie ein Espresso.

Auf diesem Fresko von Michelangelo Morlaiter (1729–1806) trinken die Personen Ombretta und essen Krapfen.

Das feste Gegenstück zu den flüssigen *ombre* sind die *cicheti*, kleine Häppchen, Würzbissen, Meeresfrüchte, Kutteln, Hühnerlebern, Calamari und Calamaretti, klassisch lauwarm oder modern aus der Mikrowelle, jede Menge Kanapees, Sandwiches mit Radicchiobutter, Lachs oder Prosciutto, mit Mortadella umwickelte Bierstangen, Polpetti, *pasta e fasioi* (Nudeln und Bohnen) und vieles mehr.

Ombre und *cicheti* – damit ist das Grundvokabular für einen Spaziergang durch das Schattenreich, im Fachjargon *giro de ombre*, schon definiert. Fehlt nur noch der

Name jenes magischen Ortes, an dem sich, bei Tag und bei Nacht, die Schatten zu bündeln pflegen: die Osteria, auch *bàcaro* genannt – der Ort des Gelages.

Andar per ombre würde, auf deutsch übersetzt, nichts anderes bedeuten als "einen heben gehen". Der *giro de ombre* ist allerdings keineswegs nur ein feuchtfröhliches, sondern auch ein ebenso kummunikatives wie kontemplatives Vergnügen. Man lernt, selbst wenn man statt Italienisch nur ein durch zahlreiche Trattoriabesuche adaptiertes Mittelschullatein spricht, immer wieder neue Leute kennen. Es macht keine Mühe, innerhalb eines Tages ein rundes Dutzend oder noch mehr Osterie kennenzulernen, und man kann sich zwischendurch bequem einen Überblick über all die Designerläden mit ihren wundersamen Laubsägepalmen, Teekesseln und Pfeffermühlen verschaffen. Man bekommt ohne alle Bildungsfracht und Baedekerschwere etwas von den Kulturdenkmälern mit, derer sich in den rund 3000 *calli* genannten engen Gassen unzählige befinden. Nach zwei, drei *ombre* einen Abstecher in eine kleine Kapelle oder Kirche zu machen und ein Auge auf einen Tizian da und einen Tintoretto dort zu werfen, das schärft nur den ästhetischen Sinn und vertieft letztlich das Kunstverständnis. Schließlich lassen sich zwischendurch auch die Speisekarten der Ristorantes ebenso studieren wie Buch- und Boutiquenauslagen, und man landet schlußendlich doch immer wieder an einem Wasserloch, an dem man mit einem Gläschen Prosecco, Refosco oder Malvasia die während des Bummelns verbrannte Energie wieder auftanken kann. Wenn es wahr ist – und was spräche ange-

LINKS Noble Herren trinken in einer Bar Ombretta. Gemälde von Jan van Grevenbroeck (1731–1807)
UNTEN Cantine del Vino già Schiavi, ein Weinauschank an der Ponte San Trovaso

sichts des Besucherzustroms schon dagegen?, werden in Venedig täglich 52 000 ombre aus dem zu immer noch einem Schlückchen mehr einladenden Dezi-Glas serviert.

Keine Osteria gleicht der anderen, doch führen sie allesamt – wenn man tags darauf schon längst wieder vergessen hat, wie es wo ausgesehen hat – in einen Mikrokosmos des Überflusses an merkwürdigen Versatzstücken, an vergilbten Daguerrotypien, Sportclubwimpeln, Dixieland-Bands in schmutzigem Chamois, blechernen alten Hausbrandt-Reklameschildern, Ofenrohren und mehr oder weniger blinden Spiegeln. Mitunter trifft man noch auf eine jener bronzeglitzernden Espressomaschinen, die wie Miniaturausgaben eines Atommeilers aussehen, auf dessen Spitze ein Messingadler erhaben seine Flügel ausbreitet. Anhand recht eindrucksvoller Grappabatterien kann man sich davon überzeugen, daß der bäuerlichen Fertigkeit des Schnapsbrennens durch das Kunsthandwerk der Glasbläserei längst eine ernsthafte (und preistreibende) Hilfswissenschaft erwachsen ist. Man erblickt Orangenbäumchen zwischen klinkerziegelbesetzten Gewölbebögen, sieht eindrucksvolle Sammlungen alter Röhrenradios, eng beschriebene schwarze Schiefertafeln, zerkratzte Schleiflackverschalungen, Weinschläuche, verschnörkelte Bierzapfsäulen, knallrote Resopalplatten, naiv an die Wand gepinselte Schutzengel, Bacchusfratzen, grellbunte Holzplastiken, Eisentraversen und viele, viele in Tempera getauchte oder in Öl gesalbte Blumen- und Landschaftsbilder an den Wänden.

Ein *giro de ombre* ist pointillistisch wie ein impressionistisches Gemälde. Und selbst in Paris trifft man Giraudoux' "Irre von Chaillot" nicht so oft wie in den winzigen Gäßchen der Lagunenstadt. Hier findet man sie bereits am frühen Vormittag, all die unvergeßlichen Figuren aus den frühen De Sica-Filmen, zigarettendrehend und eine *ombra* oder einen Espresso schlürfend. Hier verschwimmen die Rollen von Gastfreund und Gast, wenn die Dame im Pelz sich selbst den Prosecco einschenkt,

WIE DIE BARCAROLENBRÜCKE ZU IHREM NAMEN KAM

Die Ponte dei Barcaroli, eine von rund vierhundert gezählten Brücken der Lagunenstadt, liegt, unweit des Teatro La Fenice gleich neben jenem Haus, in dem Mozart während seiner ersten Italienreise Station machte (woran eine Gedenktafel am Hause San Marco 1831 erinnert). Ihren Namen hat sie aber weder von Mozart noch von Barcarolen-Komponist Jacques Offenbach, sondern von den volkstümlichsten Musikern der Serenissima, den Gondolieri. Noch heute ist es nämlich üblich, daß der Fährmann, so er ein wenig Musikalität besitzt (und welcher Venezianer hätte das nicht?), unter dieser Brücke innehält und ein venezianisches Volkslied zum besten gibt. Fahren mehrere Gondeln hintereinaner, so verhindert man das Entstehen einer unschönen Kakophonie, indem nur ein Gondoliere für jeweils drei Gondeln trällert. Daß unter den Gondoliere-Liedern das eindeutig neapolitanische "O Sole Mio" den alten venezianischen Volksliedern den Rang abgelaufen hat, kränkt allerdings viele alteingesessene Venezianer. Und von jenen Gondel-Rezitationen, von denen noch der alte Geheimrat Goethe geschwärmt hat, kann man heute nur noch träumen.

Die Ponte dei Barcaroli, rechts das Haus, in dem Mozart auf seiner ersten Italienreise Station machte.

während die Padrona im Rauhaarpulli in aller Ruhe den Ventilator weiter reinigt. Ein allgegenwärtiges *ciacolare*, ein Plaudern und Plauschen bestimmt die launische Akustik dieser gewölbten und geduckten Räume, ein Schalltrichter, der alles hörbar zu machen scheint und gleichzeitig einen gnädigen Rauschfilter über die allzu spitzen Pizzicati, die forcierten Crescendi und die gelegentlichen Dissonanzen des im ganzen doch recht melodiös dahinströmenden Kommunikationsflusses legt.

Es ist ein kulinarisches Märchen, das hier zwischen Cervelatwürsten, geräucherten Gänsebrüsten, zerklüfteten Parmesangebirgen und den durchsichtigen *canocchie col coral* erzählt wird. Ob man den Besuch dieser oft recht dumpfen und rauchverhangenen Etablissements freilich so ohne weiteres jedermann, vor allem Menschen mit empfindlichen Gaumen und ebensolchen Seelen, bedenkenlos empfehlen kann, sei indessen dahingestellt. Wie sagte doch gleich die Padrona einer dieser herrlichen *osterie con cucina* auf die Frage, wie man denn in ihrer Küche den berühmten *radicchio di Treviso*, die langstielige, zartbittere Winterspezialität der benachbarten Stadt am Sile, zubereite: "*Questa non e una cucina elaborata.*" Der Charme ihrer Küche, wollte sie damit andeuten, liegt nicht in der Verfeinerung.

Wer das – auch für Weine, Cicheti und die meisten Stammgäste der Osterie – akzeptiert, der wird auch verstehen, daß *andar per ombre* nicht ein Trinkspruch, sondern eine Lebensmaxime ist. Wer indessen versucht, in das verwinkelte Innere der Lagunenstadt so etwas wie Systematik oder gar Ordnung hineinzubringen, der ist von vornherein zum Scheitern verurteilt.

Restaurants und Bars entlang der Kanäle locken Besucher durch herrliche Aussichten und köstliche Gerichte an.

Zugegeben: Es war schon einmal leichter als heute, für die kulinarischen Vorzüge Venedigs Propaganda zu machen. Immer häufiger erklären mir einstmals notorische Venedig-Fahrer, daß sie seit einigen Jahren einen großen Bogen um den Canal Grande machen und lieber in Triest, Treviso oder Padua einkehren, weil es dort besser und billiger sei. Damit haben sie zwar nicht ganz unrecht, aber auch nicht wirklich recht. Venedig, das die finsteren Bleikammern ebenso hervorgebracht hat wie den glanzvollen Dogenpalast, verschließt sich nämlich seit jeher allen Arten von Simplifizierung, und genau das tut es daher auch in kulinarischen Dingen.

Verzeihen Sie also bitte, wenn das Naheliegende wie etwa *der Club del Doge* im Hotel Gritti, das *Antico Martini* oder das *La Caravella* hier nur gestreift wird. In jedem dieser Fälle handelt es sich um durchwegs recht angenehme Plätze. Daß man da oder

Im 19. Jh. dinierte man mit großer Begeisterung im Freien auf einer Gondel. Gemälde von William Logsdail (1859–1944)

dort, je nach Saison, jeweils besser oder schlechter, in jedem Fall aber ziemlich teuer ißt, wen kümmert es schon? Zum Sparen gibt es bessere Städte auf der Welt als Venedig. Venedig muß jedoch, allen Unkenrufen zum Trotz, auch nicht zwangsläufig teuer sein. Die gläsernen Vitrinen sind voll von äußerst preisgünstigen Stockfischbissen, gedünsteten Artischockenböden, eingelegten Sardinen, marinierten Polypen, Schweinswürsten, Heuschreckenkrebsen und *fritole*, den berühmten venezianischen Faschingskrapfen.

Kennen Sie beispielsweise – um nur ein paar von diesen oft in finsteren Gäßchen versteckten Pinten zu nennen – das *Antico Dolo* in der Calle Ruga Vecchia im Stadtteil Santa Croce? Oder die über hundert Jahre alte und für ihre Trippe (Kutteln) berühmte *Trattoria al Ponte* an der Ponte del Megio in Santa Croce? Die *Osteria ai Assassini* (auf deutsch: Mörderkneipe) am Rio Terrà degli Assassini nicht zu vergessen, den Geheimtip inmitten der alten "Mördergegend", wo die in Venedig lebende Krimi-Autorin Donna Leon ihre Inspirationen zu den kniffligen Fällen ihres Kommissar Brunetti hernimmt. Vielleicht schauen Sie aber auch einmal im *Vino Vino* an der Ponte delle Veste in San Marco vorbei und nutzen die Möglichkeit, in Bohemienatmosphäre Dutzende von italienischen Spitzenweinen, teils auch im offenen Ausschank, zu verkosten.

Gewiß: Eine Osteria allein macht noch keinen gelungenen Abend zu zweit. Doch es muß ja nicht zwangsläufig immer nur bei einer Lokalität bleiben. Der wahre Reiz eines Bàcarispaziergangs liegt nämlich in seiner Vielfalt. Vielleicht sollte ich Ihnen daher auch noch die Osteria *Da Bepi* in der Salizzada del Pistor in Cannaregio mit ihrer famosen Fischküche und dem sympathischen Patron ans Herz legen oder das ausgezeichnete *Al Bacco* gleich hinter dem alten Ghetto an den Fondamenta delle Capuccine?

Vielleicht sollten Sie aber auch auf einen Sprung bei Emmy Preims reinschauen? Sie kennen Sie möglicherweise noch unter ihrem alten Namen Emmy Hellriegl als langjährige Patronne der weltberühmten Villa Mozart in Meran. Frau Emmy hat sich nunmehr in ein neues gastronomisches Abenteuer gestürzt und in einem aus dem fünfzehnten Jahrhundert stammenden Gebäude, in dem nicht nur eine Königin von Zypern zur Welt kam, sondern früher auch eine stadtbekannte Fischbraterei untergebracht war, eine einfache venezianische Trattoria mit einem Dutzend kleiner Tische eröffnet, wo man köstlich zubereiteten fritierten Fisch mit Polenta und verschiedene Cicheti wie beispielsweise Stockfisch, Bigoli-Nudeln in Sardellen-Zwiebel-Sauce und Mandeltorte serviert bekommt. Daß Frau Emmy, was die verwendeten Produkte betrifft, eine Qualitätsfanatikerin ist, wissen versierte Feinschmecker noch von früher und stellen es selbstredend auch hier wieder fest. Anstatt in der vertrauten Jugendstilarchitektur zu Meran findet man sich freilich

WARUM ES IN VENEDIG KEINE WEINKELLER GIBT

Die Antwort auf diese naheliegende Frage ist fast eine Platitüde und lautet: Weil man ins Wasser keinen Keller bauen kann. Wer ellenlange Weinkarten mit alten Jahrgängen sucht, wird in Venedig daher kaum fündig werden (auch wenn die modernen Wein-Chambrairs mittlerweile die fachgerechte Lagerung edler Barolos und Sassicaias möglich machen). Doch große alte Rotweine sind in der venezianischen Küche ohnedies kaum jemals vonnöten. Zur überwiegend auf Fisch und Meeresfrüchten aufgebauten Küche der Lagunenstadt passen vor allem die vorzüglichen Weißweine aus dem Friaul und Veneto, die sich gewöhnlich durch eine runde, gut eingebundene Säure und hohe Extraktwerte auszeichnen und nicht nur aus klassischen Reben wie Chardonnay, Pinot bianco (Weißburgunder), Pinot grigio (Grauburgunder) oder Riesling renano (Rheinriesling) gekeltert werden, sondern sich auch durch eine Vielfalt an regionalen Sorten auszeichnen, zu denen etwa der strohgelb-trockene Ribolla, der unkompliziert-fruchtige Tocai, der grünlichschimmernde Verduzzo und der süße Picolit zählen.

Abend auf der Piazza San Marco, die gehobene Gesellschaft speist auf dem berühmten Platz. Gemälde von Michele Cammarano (1835–1920)

nunmehr – nicht minder charmant – unter offenem Gebälk und im Dämmerschein mundgeblasener Murano-Glaslampen wieder.

Vielleicht sind Sie aber auch ein Kunstfreund und empfinden gleich den doppelten Genuß, wenn Sie wissen, welche namhaften Persönlichkeiten des kulturellen Lebens schon vor Ihnen am Tresen lehnten? In diesem Fall wird es Sie gewiß freuen zu hören, daß im *Alla Salute da Cici* auf den Fondamenta Ca'Balla auch der amerikanische Dichter Ezra Pound mit seiner Lebensgefährtin Olga Rudge zu speisen pflegte. Sollten Sie indessen mehr für Musik als für Lyrik übrig haben, so schauen Sie doch lieber ins *Canottieri* an den Fondamenta del Macello in Cannaregio rein. Man ißt und trinkt hier nicht nur recht gut, sondern es brilliert dort auch ein wunderbarer Pianist. Man kann inmitten dieser "Stadt der hundert tiefen Einsamkeiten", wie sie Nietzsche einmal genannt hat, also durchaus auch Livemusik hören, ohne deswegen gleich die notorischen Halbtagstouristen im *Gran Caffè Florian* in Kauf nehmen zu müssen.

Es steht freilich zu befürchten, daß die "Stadt der hundert tiefgründigen Osterie" (oder sind es noch mehr?) für den Uneingeweihten durch diese Aufzählung nicht viel von ihrer Unübersichtlichkeit verloren hat. Daher zuletzt zwei sogenannte

"todsichere Tips", zwei Restaurants, wo jedermann gewesen sein sollte, der Venedig von seiner kulinarischen Seite kennenlernen will.

Eines davon ist das *Corte Sconta* in der Calle del Pestrin, das man erreicht, indem man so lange vom Markusplatz in Richtung Arsenal marschiert, bis man, nach Überquerung einiger Kanäle, direkt davorsteht. Das Lokal stammt aus den 30er Jahren und ist nach einem dazumal besonders populären Comic-Helden benannt. Vom Typ her ist es nach wie vor eine echte Osteria, allerdings eine, auf die der venezianische Jetset bereits seine Hand gelegt hat.

In einer (fast zu) stimmigen Ambiance der Hell-Dunkel-Kontraste läßt man sich – es gibt keinen Aperitif – eine Flasche Vino della Casa kredenzen, der ein wenig stürmisch, aber durchaus trinkbar ist. Selbstredend gibt es keine Karte, doch die schwarzhaarige Kellnerin versteht es mit ihrem Charme ohnedies, jeden Gast dazu zu bringen, daß er das bestellt, was sie will, nämlich zunächst einmal *asagio di mare* und dann *spaghetti neri*. Das klingt harmloser, als es ist, denn das Asagio erweist sich als ein vielgängiges, äußerst opulentes Feuerwerk von Messermuscheln, Meerspinnen in der Schale, verschiedenen Muschel- und Seeschneckenarten, Katfischmousse, Polenta und Sardinen mit Pinienkernen und Rosinen. Wem nach den unvermeidlichen Spaghetti noch etwas Platz im Magen bleibt, der sollte einen der Fische vom Grill, vielleicht Rotbarben mit *radicchio di Treviso* probieren. Respekt vor jedem, der

LINKS Piazza San Marco und die Kolonnaden der Neuen Prokuratien, Gemälde von Canaletto (1697–1768)

SOLISTENWETTSTREIT IM GRAN CAFFÈ

Wer im Laufe eines halbstündigen Spaziergangs sowohl Mimis melodiöses Hüsteln, Isoldes Liebestod, Desdemonas letztes Gebet und dazwischen auch noch Ennio Morricones "Spiel mir das Lied vom Tod" hören möchte, der kann soviel Todessehnsucht problemlos huldigen, indem er unter den Kolonnaden der Piazza San Marco entlangwandelt und vielleicht zwischendurch da oder dort einen Espresso nimmt. Da oder dort – das bedeutet selbstverständlich in einem der drei Gran Caffès am Markusplatz, dem Florian, dem Lavena und dem Quadri, deren Ensembles in der klassischen Besetzung mit zwei Violinen, Klarinette, Akkordeon, Klavier und Baßgeige um die Gunst des lustwandelnden Publikums wetteifern. Dafür, daß ob soviel Schwermut und Weltschmerz dennoch niemand in tiefe Depression verfällt, sorgen neben feinen Schoko- und Mokkabiskuits vor allem auch fröhlichere Rhythmen. Denn das Repertoire der Musici di San Marco ist groß und reicht von Johann Strauß Tik-Tak-Polka über Kalmans Czardasfürstin bis hin zu Astor Piazzollas feurigen Tangorhyhtmen.

dann noch eine *zabaione con biscotti* schafft. Dann helfen jedoch nur noch Kaffee und Grappa.

Die *Madonna* in San Polo, dem preisgünstigeren der beiden Bezirke links und rechts der Rialtobrücke, nimmt sich dagegen fast wie ein biederes, altmodisches Familienrestaurant aus. Was es über andere Lokale hinaushebt, sind Atmosphäre und Preisgestaltung. Man kann hier, einen Katzensprung von der Rialtobrücke entfernt, tatsächlich recht wohlfeil und überdies unter vielen Einheimischen speisen, unter die sich auch kunsthistorisch interessierte Wiener Pensionistinnen oder italophile Münchener Singles gerne mischen. Die Ober sind durchwegs starke Persönlichkeiten, jeder ist sein eigener Charakterdarsteller, und der Chef eines Casting-Büros in

Die Fenster des Caffè Florian in den Kolonnaden der Neuen Prokuratien

Hollywood könnte hier auf einen Schlag Mafiafilme, Liebesfilme, Horrorfilme, Piratenfilme und Melodramen auf Jahre hinaus besetzen.

In der Mitte des Lokals befindet sich, wie ein Altar, ein großangelegtes Rechaud. Die Spaghetti werden zwar in der Küche vorbereitet. Doch die Tintenfischsauce, die wie frischer Teer auf der heißen Platte blubbert, wird vom Camariere mit gehörigem Schwung mittels eines Schöpflöffels auf den Teller bugsiert. Es grenzt nahezu an ein Wunder, wie die Meister des Service es schaffen, ihre blütenweißen Sakkos auf die Dauer frei von häßlichen Tintenflecken zu halten. Selbst ist man dabei meistens weniger glückvoll, und ein schwarzer Spritzer ist schneller am T-Shirt, als man eine Gabel voll Spaghetti verschlucken kann.

Ein Tip: Ärgern Sie sich nicht und betrachten Sie den Tintenklecks lieber als Trophäe. Schließlich ist Sepiatinte, neben *vino sfuso* (vom Faß) und Grappa, eines der Lebenselixiere in den Bácari und Osterie der auf nicht weniger als 118 Inseln erbauten Lagunenstadt.

Ein einsamer Gondoliere rudert seine Gondel durch den Morgendunst über den Kanälen – im Hintergrund erkennt man die Kuppeln und Türme der Stadt.

DIE BESTEN OSTERIA-TIPS

Al Covo, Campiello della Pescaria, Santa Croce 3968
Antico Dolo, Calle Ruga Vecchia, Santa Croce 778
Osteria al Bacco, Fondamenta delle Capuccine, Cannaregio 3054
Alla Salute da Cici, Fondamenta Ca'Balla 4
Canottieri, Fondamenta del Macello, Cannaregio 690
Corte Sconta, Calle del Pestrin, Castello 3886
Da Bepi, Salizzada del Pistor, Cannaregio 5457
Trattoria alla Madonna, Calle della Madonna, San Polo 594
Osteria ai Assassini, Rio Terrà degli Assassini, San Marco 3695
Osteria da Fiore, Calle dello Scalater, San Polo 2202/A
Trattoria al Ponte, Ponte del Megio, Santa Croce 1666
Vecio Fritolin, Calle della Regina, Santa Croce 2262
Vini Da Gigio, Fondamenta San Felice, Cannaregio 3628/A
Vino Vino, Ponte delle Veste, San Marco 2007

Das erlauchte Bankett von Romano Giulio (1492–1546)

REZEPTE

Vorspeisen und Happen

ANTIPASTI E CICHETI

Antipasti – wörtlich übersetzt "vor der Pasta" – sind kleine, appetitanregende Speisen, die vor dem Hauptgang gereicht werden. Darüber hinaus werden in den venezianischen Bars eine Vielzahl kleiner Happen, die sogenannten cicheti, angeboten, die man zu einem Glas Wein verspeist.

Marinierte Garnelen, Montasio-Cicheti mit Polenta und Carpaccio

MARINIERTE HEUSCHRECKENKREBSE

CANOCCHIE MARINATI

Für 4 Personen
12 Heuschreckenkrebse (canocchie oder canocie)
2 EL Olivenöl (nicht kaltgepreßt)
2 EL Olivenöl extra vergine (kaltgepreßt)
Saft einer kleinen Zitrone
2 EL feingehackte Petersilie
Meersalz und Pfeffer aus der Mühle

Die Krebse im (nicht kaltgepreßten) Olivenöl wenden und 3–4 Minuten unter den Grill oder ins auf höchster Stufe vorgeheizte Rohr schieben. Etwas erkalten lassen und noch lauwarm mit kaltgepreßtem Olio extra vergine, Zitronensaft, Petersilie sowie frisch geschrotetem Meersalz und Pfeffer marinieren.

Ein paar Minuten durchziehen lassen und dann mit frischem Weißbrot sowie einem Glas Tocai servieren. Keine Angst vor schlechter Kinderstube: Die Heuschreckenkrebse kann man getrost und ohne große Mühe mit der Hand aufbrechen.

Dasselbe Gericht schmeckt auch mit frischen Garnelen sehr gut.

GEBRATENE SCAMPI MIT CROSTINI

SCAMPI CROSTINI

Für 4 Personen
12 Scampi mittlerer Größe (mit Schale)
4 Scheiben Toskanabrot · 1 Knoblauchzehe
5–6 EL Olivenöl · 1 TL Butter
1 Spritzer Grappa oder Weinbrand
100 g süße Sahne · etwas Salz
1 TL Chilisauce
Tomatenmark

Die Scampi ganz kurz in kochendem Wasser pochieren, herausnehmen, unter fließendem kalten Wasser von den Schalen befreien und beiseite stellen. Die Toskanabrotscheiben erst mit der leicht angedrückten Knoblauchzehe einreiben und anschließend mit 2 Eßlöffeln Olivenöl beträufeln. Die Brotschnitten entweder kurz unter den Grill schieben oder in einer heißen Pfanne auf kleiner Flamme beidseitig anrösten, bis sie knusprig sind.

Inzwischen das restliche Olivenöl gemeinsam mit der Butter erhitzen, die Scampi auf mittlerer Flamme durch das Fett ziehen und dabei mehrmals wenden (sie müssen gerade gar, aber keinesfalls durch sein), dann herausnehmen und warm stellen.

Den Bratrückstand mit Grappa oder Weinbrand ablöschen und mit der süßen Sahne aufgießen, mit Salz, Chilisauce und Tomatenmark abschmecken, alles gut durchrühren und die Sahne einkochen lassen, bis die Sauce sich bindet. Auf vier Tellern die angerösteten Crostini anrichten, jeweils drei Scampi darauf legen und mit der Sauce übergießen.

Statt der Crostini kann man auch in heißem Olivenöl knusprig herausgebackene Polentataler oder -schnitten verwenden.

LINKS *Chioggia – Fischmarkt am Canale della Vena*

Marinierte Garnelen

MIESMUSCHELSUPPE
SOPA DI COZZE

Für 4 Personen
1 kg Miesmuscheln in der Schale
4 große, fleischige Tomaten (ersatzweise
1 Dose geschälte Tomaten)
4 EL Olivenöl · 3 feingehackte Schalotten
2 feingehackte Knoblauchzehen
100 ml trockener Weißwein
(am besten Tocai oder Pinot bianco)
1 Messerspitze gehackte Peperoncini
$^{1}/_{4}$ l Fischfond oder Fischsuppe (auch fertig erhältlich)
2 EL gehackte Petersilie · Salz
4 möglichst knusprig getoastete Weißbrotscheiben

Die Miesmuscheln unter kaltem Fließwasser gründlich waschen und bürsten, alle aussondern, die sich unter leichtem Druck nicht fest verschließen lassen.

Mit einem scharfen Messer die grünen Stiele aus den Tomaten stechen und jede Tomate etwa 10 Sekunden mit einem Schaumlöffel in kochendes Wasser halten, so daß sich die Haut abziehen läßt. Die Tomaten von den Kernen befreien und in kleine Stücke schneiden. Die Flüssigkeit, die dabei austritt, durch ein feines Haarsieb laufen lassen und aufbewahren.

In einem großen Topf das Öl erhitzen und darin auf mittlerer Hitze unter ständigem Rühren zuerst die feingehackten Schalotten und nach 2–3 Minuten den Knoblauch leicht Farbe nehmen lassen. Mit dem Weißwein aufgießen und diesen reduzieren, bis die Flüssigkeit nahezu vollständig aufgesogen ist.

Die Tomaten samt dem aufgefangenen Saft dazugeben und die Peperoncini hinzufügen. Alles etwa 25 Minuten nicht zugedeckt auf kleiner Flamme köcheln lassen, bis eine sämige Tomatenmasse entsteht, die man mit dem Fischfond aufgießt und zum Köcheln bringt.

In diese Flüssigkeit gibt man die Muscheln, erhöht die Hitze und läßt sie bei geschlossenem Deckel so lange garen, bis sich die letzte Muschel geöffnet hat. Dabei mehrmals mit einem Kochlöffel umrühren, damit die Tomaten nicht anbrennen und alle Muscheln gleichmäßig Hitze bekommen. Die Muscheln mit Petersilie bestreuen, eventuell etwas salzen. In Suppenschalen servieren, in die man zuvor jeweils eine Scheibe geröstetes Weißbrot gelegt hat.

GRATINIERTE JAKOBSMUSCHELN
CAPESANTE GRATINATE

Für 4 Personen
8 Jakobsmuscheln mit rotem Corail (Eiersack)
2 EL Olivenöl · 1 feingehackte Knoblauchzehe
1 Spritzer Zitronensaft · 1 EL feingehackte Petersilie
Salz und Pfeffer aus der Mühle
4 EL feines Paniermehl · 2 EL geriebener Parmesan
4 Butterflöckchen oder etwas Olivenöl

Den Grill vorheizen. Die Jakobsmuscheln unter fließendem kalten Wasser gut reinigen und trockentupfen. In einer Pfanne das Olivenöl erhitzen und darin den Knoblauch kurz anschwitzen. Mit einem Spritzer Zitronensaft ablöschen und auf kleiner Flamme die Petersilie sowie die Jakobsmuscheln hinzufügen. Dann die Hitze erhöhen und die Muscheln einige Sekunden anbraten, bis sie milchigweiß sind.

Jeweils zwei Jakobsmuscheln in ein Gratinierförmchen oder besser in eine Jakobsmuschelschale umfüllen und mit dem Petersilie-Knoblauch-Saft aus der Pfanne begießen. Jetzt erst salzen und pfeffern. Paniermehl mit geriebenem Parmesan vermischen, über die vier Förmchen bzw. Muscheln gleichmäßig verteilen und mit jeweils einem Butterflöckchen (oder ein paar Tropfen Olivenöl) abschließen. Die Förmchen bzw. Muscheln unter den vorgeheizten Grill stellen und dort etwa 1 Minute gratinieren. Heiß servieren.

Dasselbe Gericht funktioniert auch mit den canestrelli *genannten Mini-Jakobsmuscheln oder Miesmuscheln, von denen man allerdings entsprechend mehr verwenden muß.*

Gratinierte Jakobsmuscheln

MEERSCHNECKENSUPPE

SOPA DI SPINACI CON GARUSOLI

Für 4 Personen
400 g Meerschnecken (je nach Größe garusi oder garusoli)
1/2 l heißes Salzwasser
600 g tiefgekühlter Blattspinat
2 mittelgroße Zwiebeln
2 EL Butter
1/2 l Milch
1 Messerspitze Muskatnuß
3–4 EL frisch geriebener Parmesan
Saft einer halben Zitrone

Die Meerschnecken im Salzwasser auf kleiner Flamme etwa 15–20 Minuten lang köcheln lassen, abseihen (etwa einen halben Liter vom Kochwasser jedoch aufheben) und nach kurzem Abschrecken mit kaltem Wasser mit Hilfe einer spitzen Nadel aus ihren Häusern ziehen.

Den aufgetauten Spinat gut ausdrücken und grob hacken. Die Zwiebeln klein hacken und in zerlassener Butter auf kleiner Flamme glasig anschmelzen lassen. Die ausgelösten Schnecken und den gehackten Blattspinat zugeben. Alles auf kleiner Flamme 2–3 Minuten schmoren lassen und dann mit dem Schneckenwasser und der Milch aufgießen, etwas Muskatnuß darüberreiben und unter ständigem Umrühren köcheln lassen, bis die Suppe sämig wird. Mit geriebenem Parmesan abschmecken und je nach Geschmack noch einen Spritzer Zitronensaft dazugeben. Heiß servieren.

Statt des Salzwassers kann man selbstverständlich auch einen leichten Fischfond oder auch Hühnersuppe nehmen. Die Suppe wird dann noch geschmackvoller, aber auch intensiver. Übrigens: Wenn Sie für die Suppe statt Meerschnecken Weinbergschnecken (gute Dosenware) verwenden, schmeckt sie ebenso köstlich.

SARDINEN IN ZWIEBELMARINADE

SARDE IN SAOR

Für 4 Personen
16 Sardinen · 1 Tasse Mehl
Pflanzenöl zum Ausbacken
FÜR DIE MARINADE
100 ml Olivenöl
600 g in feine Ringe geschnittene weiße Zwiebel
4 Knoblauchzehen
200 ml trockener Weißwein
1 EL Honig · Saft einer Zitrone
1 Lorbeerblatt · 1 Zweiglein Rosmarin
2 EL Rosinen
3 EL Pinienkerne
Meersalz und Pfeffer aus der Mühle
4 EL kaltgepreßtes Olivenöl extra vergine

Die Sardinen schuppen, ausnehmen, waschen, trokkentupfen, die Köpfe entfernen. Die Fische gründlich in Mehl wälzen. In einer großen Pfanne etwa 1 cm hoch Pflanzenöl erhitzen und die Sardinen darin auf jeder Seite etwa anderthalb Minuten lang knusprig fritieren. Fische herausheben, trockentupfen und in einer Steingutform nebeneinander aufschlichten.

In einer anderen Pfanne das Olivenöl erhitzen und darin die Zwiebelringe auf mittlerer Flamme glasig (nicht braun) werden lassen. Den feingehackten Knoblauch dazugeben und ebenfalls etwas Farbe nehmen lassen. Zwiebel und Knoblauch etwa 3 Minuten auf kleiner Flamme unter ständigem Rühren weiterdünsten lassen und schließlich mit Weißwein ablöschen. Den Wein etwa auf die Hälfte reduzieren.

Honig, Zitronensaft, Lorbeerblatt, Rosmarin, Rosinen, Pinienkerne dazugeben, salzen, pfeffern und ein paar Minuten leise weiterköcheln lassen. Die Marinade vom Herd nehmen, das kaltgepreßte Olivenöl extra vergine unterrühren und über die Sardinen gießen, die darin mindestens 24 Stunden bei Zimmertemperatur ziehen müssen. Mit Knoblauch-Crostini servieren.

Sardinen in Zwiebelmarinade

Venezianisches Kräuteromelett

MESSERMUSCHELN IN WEISSBURGUNDER
Capelunghe in Pinot Bianco

Für 4 Personen
600 g Messermuscheln
2 EL Olivenöl
2–3 zerdrückte Knoblauchzehen
100 ml trockener Weißwein
(am besten paßt Pinot bianco)
Salz
Pfeffer
2 EL feingehackte Petersilie

Da Messermuscheln beim Kauf meist sehr sandig sind, empfiehlt es sich, sie zunächst mehrere Stunden in Salzwasser zu schwemmen, danach unter fließendem kalten Wasser gut durchzuspülen und anschließend abzutropfen.

Dann erhitzt man in einer Pfanne das Olivenöl mit den Knoblauchzehen, ohne daß diese dabei allzusehr Farbe nehmen, fügt die Messermuscheln hinzu und wartet, bis sich die Schalen durch die Hitze geöffnet haben. Um diesen Vorgang zu beschleunigen, kann man auf die Pfanne einen Deckel setzen. Wenn sich die letzte Muschel geöffnet hat, mit dem Weißwein ablöschen, den man dann bei großer Hitze noch etwa eine halbe Minute lang reduziert, bevor man das Gericht, mit Salz, Pfeffer und frisch gehackter Petersilie bestreut, möglichst heiß serviert.

Eine andere Variante besteht darin, die geöffneten Muscheln zunächst auf eine Platte zu legen und erst dann den Bratensatz mit Weißwein abzulöschen, den man kurz reduziert, mit etwas kaltgepreßtem Olivenöl bindet und mitsamt der frisch gehackten Petersilie über die Muscheln gießt.

VENEZIANISCHES KRÄUTEROMELETT
Frittata con le Erbe

Für 6 Personen
12 EL feingehackte Frühlingskräuter
(je nach Verfügbarkeit Melisse, Petersilie, Schnittlauch, Salbei, Fenchelkraut, Majoran, Estragon, Gurkenkraut, Hopfensprossen, Mangold u. ä.)
90 g Butter
12 Eier
Salz und Pfeffer
2 EL Parmesan
1 EL Mehl
1/8 l Milch

Die Kräuter in der Butter auf kleiner Flamme vorsichtig andünsten und dabei keinesfalls anbräunen.

In der Zwischenzeit die Eier mit Salz und Pfeffer, Parmesan, Mehl und Milch zu einem flüssigen Pfannkuchenteig schlagen, den man vorsichtig über die Kräuter gießt und gut durchrührt. Wenn sich auf der unteren Seite eine feste Kruste gebildet hat, den Teig wenden und dabei eventuell noch etwas Butter dazugeben, damit auch die andere Seite knusprig ausgebacken wird.

Die Frittata kann entweder heiß gegessen werden, eignet sich aber auch – in tortenstückartige Dreiecke aufgeschnitten – perfekt als kleiner Happen zum Wein.

Das Kräuteromelett – das erste überlieferte Rezept dafür findet sich bereits im 1542 erschienenen Kochbuch des Bartolomeo Sacchi da Platina – eignet sich auch ausgezeichnet als Suppeneinlage. In dieser Funktion hat es, etwas abgewandelt und in kleine Streifen geschnitten, in der Wiener Küche auch als "Frittatensuppe" Karriere gemacht.

Jesu Auftritt im Tempel, Ausschnitt aus einem Gemälde von Vittore Carpaccio

ROH MARINIERTES RINDERFILET

Carpaccio

Für 4 Personen
400 g Rinderfilet (controfiletto)
Meersalz und Pfeffer aus der Mühle
Für die Sauce
6 EL Mayonnaise
1 kleingehacktes Sardellenfilet
1 TL Worcestersauce
1 TL Tomatenmark
1 Spritzer Zitronensaft
1 Spritzer Tabasco
1 EL Brandy
1 TL Dijonsenf
1 EL süße Sahne

Das Fleisch mit einer feinen Schneidemaschine in hauchdünne Scheiben schneiden oder – wenn man es von Hand schneidet – unter einer Folie hauchdünn ausklopfen.

Die Fleischscheiben leicht überlappend auf vier Teller drapieren, salzen und pfeffern.

In der Zwischenzeit die Carpacciosauce zubereiten, indem man alle Saucenzutaten fein mixt und in einen Spritzsack füllt, mit dem man sie gitterförmig über den Fleischscheiben aufträgt.

Das Fleisch läßt sich leichter hauchdünn schneiden, wenn man das Filet zuvor etwa 1 Stunde im Gefrierfach eist. Man kann das fertige Gericht auch noch mit etwas geraffeltem Parmesan und einem Schuß kaltgepreßtem Olivenöl verfeinern.

Carpaccio

Trevisaner Radicchio mit Speck

TREVISANER RADICCHIO MIT SPECK

Radicchio di Treviso allo Speck

Für 4 Personen
4 Radicchio-Köpfe
Salz und Pfeffer aus der Mühle
4 EL Olivenöl
200 g kleingewürfelter Schinkenspeck

Den Grill vorheizen. Radicchio waschen, an den Wurzeln und am Stielansatz gründlich schälen und trokkentupfen. Die Radicchio-Köpfe in eine gefettete Steingutform legen, salzen, pfeffern, mit 2 Eßlöffeln Olivenöl beträufeln und – je nach Größe – etwa 5–7 Minuten unter den vorgeheizten Grill stellen. Noch bessere Ergebnisse erzielt man, wenn man den Radicchio direkt auf dem Holzkohlenrost gart, bis er innen kernweich ist. In einer Kasserolle das restliche Olivenöl erhitzen, darin den würfelig geschnittenen Schinkenspeck Farbe nehmen lassen und vor dem Servieren über den Radicchio verteilen.

Radicchio di Treviso hat von November bis Januar Saison. Er ist farbenprächtiger und milder als andere Sorten, außerdem kann man die geschälten Wurzeln mitessen. Wenn Sie ihn nicht bekommen, nehmen Sie statt dessen keine andere Radicchio-Sorte, sondern lieber Chicorée.

FRITIERTE SALBEIBLÄTTER

Salviade

Für 4 Personen
1 Bund frischer Salbei
3 EL Weizenmehl
1 Ei
etwas Milch
Salz
Pflanzenöl zum Ausbacken

Die Salbeiblätter von den Stielen zupfen, waschen, mit Küchenkrepp trockentupfen und grob zerkleinern.

Das Mehl mit dem Eigelb und etwas Milch zu einem flüssigen Backteig verrühren und diesen 1 Stunde lang im Kühlschrank ruhenlassen. Danach das Eiweiß zu Eischnee schlagen und unter den Teig heben. Anschließend den Salbei in den Teig rühren und leicht salzen. In einer Pfanne reichlich Pflanzenöl erhitzen, kaffeelöffelgroße Stücke aus dem Teig stechen und im heißen Öl schwimmend ausbacken.

Etwas arbeitsaufwendiger, aber spektakulärer ist es, die Salbeiblätter nicht zu hacken, sondern einzeln durch den Teig zu ziehen und zu fritieren. In beiden Fällen wird die Salviade als kleine Knabberei zum Prosecco serviert.

RADICCHIO ALLA GIUDIA

Man mag darüber streiten, ob der beste Radicchio des Veneto nun der längliche aus Treviso, der kugelförmige aus Chioggia oder der gescheckte aus Castelfranco ist. Für einen Venezianer steht fest, daß Radicchio noch allemal am besten schmeckt, wenn er wirklich heiß ist. Daher legt man ihn entweder halbiert und mit Öl beträufelt 10 Minuten auf den Grill und serviert ihn mit ein paar Spritzern Zitronensaft. Oder aber man ißt *radicchio alla giudia*, indem man die Blätter einzeln in heißem Öl fritiert, bis sie schön knusprig sind, und sie dann wie Chips zu einer *ombretta* – am besten einem Gläschen einfach-köstlichem Tocai – vernascht.

Montasio-Cicheti mit Polenta

MONTASIO-CICHETI MIT POLENTA

Cicheti di Montasio con Polenta

Für 4 Personen
1 l Wasser
Salz
2 EL Butterschmalz
400 g grober Maisgrieß
200 g Montasiokäse
Pfeffer aus der Mühle

Das Wasser kräftig salzen und in einer mittelgroßen Kasserolle zum Kochen bringen. Das Butterschmalz dazugeben und warten, bis es sich völlig aufgelöst hat. Nach und nach den Maisgrieß dazuschütten, gut durchrühren und aufpassen, daß sich die Masse nicht am Boden des Topfes festsetzt. Wenn der Maisgrieß nach wenigen Minuten das ganze Wasser in sich aufgenommen hat und sich kaum noch umrühren läßt, die Kasserolle vom Herd nehmen und ruhenlassen, bis die Polentamasse erstarrt ist. Eine passende Glasform mit Wasser ausspülen, die Polenta mit einem Spachtel in das neue Gefäß umstechen, an der Oberfläche glattstreichen und warten, bis sie fast erkaltet ist.

In der Zwischenzeit das Backrohr auf 200°C vorheizen. Die Polenta auf ein Küchenbrett stürzen und mit einem scharfen Messer, das man nach jedem Schnitt erneut in kaltes Wasser taucht, in fingerdicke "Flecken" von etwa 5 x 10 cm schneiden.

Den Montasio mit einem Käsehobel in dünne Scheiben von ungefähr derselben Größe schneiden und nach Belieben auf jeden Polentafleck ein bis zwei Käsescheiben legen. Ein Backblech mit Backpapier auslegen, die Käse-Polentaflecken darauf legen, pfeffern und bei gleichmäßiger Hitze so lange backen, bis der Käse geschmolzen ist und eine hellbraune Kruste anzusetzen beginnt. Heiß servieren. Dazu passen am besten frische, knackige Blattsalate.

SANKT JAKOBUS UND SANKT MARKUS

Markus und Jakobus waren schon als Apostel Kollegen. Kaum träumen hätten sie sich jedoch lassen, daß sie sich dereinst in Venedigs Küchen wiedertreffen würden: Markus als Schutzpatron des Marzipans und Jakobus als Namensgeber der capesante, die auch St. Jakobsmuschel genannt wird und in Venedig, zumeist gratiniert, ein unentbehrlicher Bestandteil jedes Fisch-Antipasti-Tellers ist. Tatsächlich war die Lagune von Venedig zumeist der erste Ort, an dem die mittelalterlichen Pilger, die zum Jakobsgrab nach Santiago de Compostela pilgerten, das Meer sahen. Dort fanden sie dann auch die wundersam geformten Muscheln, an denen sie allerdings nicht so sehr ihren feinschmeckerischen Wert schätzten. Sie befestigten sie lieber am Gürtel und verwendeten sie für die weitere Reise als mobiles Trinkgefäß.

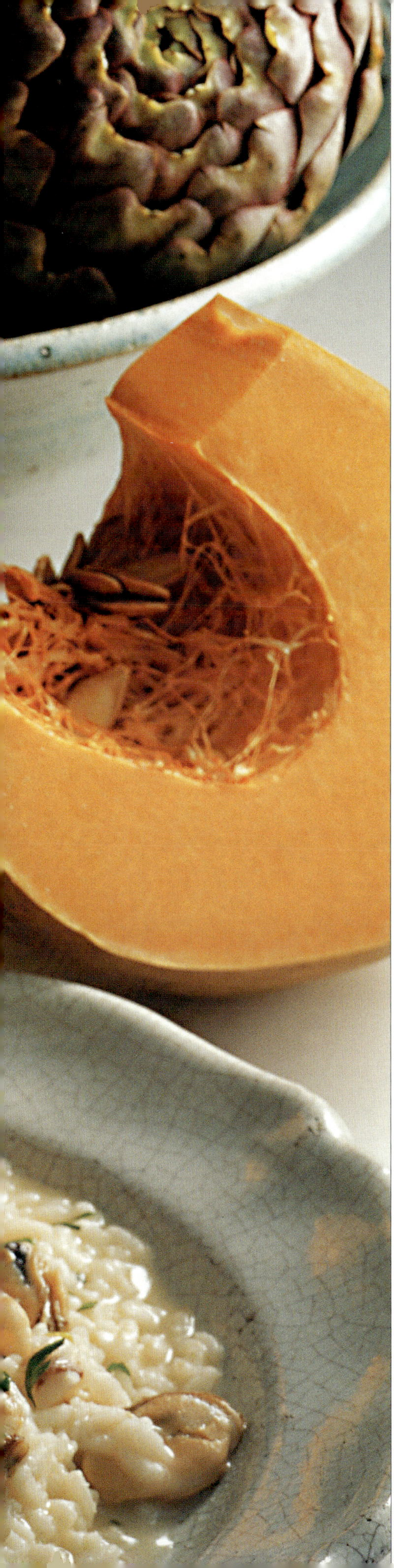

Zwischengerichte

PRIMI PIATI

Suppen, Gnocchi, Nudel- und Reisgerichte zählen in ganz Italien zu den klassischen Zwischengerichten. Venedig ist vor allem berühmt für seine Fischbeilagen und die nahezu unerschöpfliche Vielfalt an Risottos.

Kürbisklößchen, Fischrisotto und Artischocken

TAUBENSUPPE SAN MARCO

SOPA DI PICCIONCINI

Für 4 Personen
2 Tauben
1 Stange Bleichsellerie
4 EL Olivenöl · 2–3 EL Butter
100 ml gehaltvoller, aber trockener Weißwein (z. B. Pinot grigio)
3 EL Tomatenmark · 1 l Wasser
Salz und Pfeffer aus der Mühle
1 Bund Suppengrün
4 Scheiben getoastetes Weißbrot
4 EL frisch geriebener Parmesan
1 EL Butter · 1 Schuß Weinbrand
2–3 EL süße Sahne (nach Belieben)

Die beiden Tauben vierteln und von den Innereien befreien. Die Innereien gemeinsam mit dem kleingeschnittenen Stangensellerie in 2 Eßlöffeln heißem Öl und 1 Eßlöffel geschmolzener Butter vorsichtig anbraten. Unterdessen die Taubenbrüste auslösen und beiseite stellen. Die übriggebliebenen Karkassen sowie Flügel und Keulen in die Pfanne geben und etwa 2–3 Minuten mitrösten. Dann alles mit dem Weißwein ablöschen und das Bratgut darin weiterköcheln lassen, bis der Stangensellerie und die Tauben fast die ganze Flüssigkeit aufgesogen haben.

Danach das Tomatenmark dazugeben, es gut durchrühren und alles mit 1 Liter Wasser aufgießen. Die Suppe nach Geschmack salzen und pfeffern (unter Umständen noch etwas gekörnte Brühe hinzufügen). Das Suppengrün dazugeben und alles, halb zugedeckt, bei kleiner Flamme ungefähr 50 Minuten köcheln lassen. Eventuell aufsteigendes Eiweiß vollständig abschöpfen.

Während die Suppe kocht, die Taubenbrüste in schmale Streifen von etwa 0,5 cm Breite schneiden, salzen und pfeffern, danach eine knappe Minute in der restlichen Butter und dem übrigen Olivenöl anbraten. Das Fleisch auf vier getoastete Weißbrotscheiben verteilen, diese mit Parmesan bestreuen und jeweils in einen tiefen Suppenteller legen.

Mit einem Schaumlöffel die Taubenkarkassen sowie das Suppengrün aus der Suppe nehmen, das Suppengrün weggeben, das Fleisch von den Karkassen lösen, kleinschneiden und in die Suppe zurücktun. Diese – nach nochmaligem Aufkochen – mit einem Schuß Weinbrand und 2–3 Eßlöffeln süßer Sahne verfeinern, danach über die Toasts mit den Taubenbrüsten gießen und heiß servieren.

VENEZIANISCHE FISCHSUPPE

BRODETTO ALLA VENEZIANA

Für 4 Personen
1 kg Fische (je nach Saison Dornhai, Seeteufel, Drachenkopf, Gründlinge, Tintenfisch, Aal o. ä.)
4 EL Olivenöl · 1 kleingehackte Zwiebel
2–3 kleingehackte Knoblauchzehen
Salz und Pfeffer aus der Mühle · 100 ml Weißwein
$^{1}/_{2}$ kg Krustentiere (Garnelen, Krabben, Meerschnecken, Heuschreckenkrebse)
1 Dose geschälte Tomaten · 1 Bund Petersilie
1 Messerspitze Safranfäden
200 g geröstete Weißbrotwürfel

Größere Fische schuppen, ausnehmen und in Stücke schneiden, kleinere ganz verwenden. In einer großen Kasserolle das Öl erhitzen, darin zuerst die Zwiebel auf mittlerer Flamme glasig dünsten, danach die gehackten Knoblauchzehen darin ebenfalls kurz Farbe nehmen lassen. Sämtliche Fischstücke dazugeben und von allen Seiten her anbraten. Die Fische ausreichend salzen und pfeffern, mit Weißwein ablöschen, den man kurz reduziert. Danach mit soviel Wasser aufgießen, daß alle Fische davon bedeckt sind. Die Fische bei kleiner Hitze etwa 6–8 Minuten garen. Nach etwa 3 Minuten Garzeit gibt man auch die Krustentiere dazu und läßt sie mitgaren.

Venezianische Fischsuppe

Dann die großen, schönen Fischstücke aus der Brühe heben und, ebenso wie die Krustentiere, sorgfältig auslösen und beiseite stellen. Kleine Fische, Fischköpfe, Abschnitte und Ähnliches verbleiben jedoch in der Brühe und werden dort, gemeinsam mit den Tomaten, den Petersilienstengeln sowie den zuvor kurz in lauwarmem Wasser geweichten Safranfäden noch etwa 35 Minuten auf mittlerer Flamme geköchelt und dann durch ein feines Haarsieb passiert.

Der Passiervorgang kann ein oder mehrmals wiederholt werden. Es soll dabei möglichst kein Fischfleisch verlorengehen, aber auch keine einzige Gräte "durchrutschen". So entsteht eine ziemlich cremige Suppe, die zunächst mit Salz und Pfeffer abgeschmeckt wird, bevor man die ganzen Fischstücke hineinlegt und sie mit gerösteten Weißbrotwürfeln in einem heißen Steinguttopf mit einem Gläschen Ribolla gialla oder Tocai serviert.

FISCHRISOTTO
RISOTTO DI MARE

Für 4 Personen
2 El Olivenöl
2 EL Butter
1 Knoblauchzehe
Schalentiere (Scampi, Heuschreckenkrebse o. ä.)
250 g Muscheln (Venusmuscheln, Herzmuscheln, Meertrüffeln etc.)
250 g Lagunenfische (z. B. Dornhai, Gründlinge, Aal)
2 kleine Zwiebeln
1 kleine Stange Bleichsellerie
1 Lorbeerblatt · 1 kleine Möhre
etwa 3/4 l Wasser · 200 g Superfino-Reis
100 ml Prosecco
Meersalz und Pfeffer aus der Mühle
Petersilie · einige Butterstücke am Schluß

Je 1 Eßlöffel Öl und Butter in einer Pfanne erhitzen, die Knoblauchzehe dazugeben und dann die Schalentiere sowie die gut abgebürsteten Muscheln darin rösten, bis sich die Schalen öffnen. Muscheln und Schalentiere auslösen, beiseite stellen. Die Fische mit einer kleingehackten Zwiebel, dem kleingehackten Bleichsellerie, dem Lorbeerblatt und der kleingehackten Möhre in den verbliebenen Bratfond geben. Das Wasser zugießen und die Fische sowie die Gemüse etwa 6–8 Minuten auf mittlerer Hitze gar ziehen lassen. Die Fische entgräten und das Fleisch zur Seite stellen. Den Fond gemeinsam mit dem Gemüse aufheben.

In einer anderen Pfanne die zweite kleingeschnittene Zwiebel und den gut gewaschenen Reis in restlichem Öl und Butter glasig werden lassen und mit Prosecco ablöschen. Warten, bis der Reis die Flüssigkeit aufgesogen hat, ihn dann unter ständigem Rühren mindestens 18 Minuten lang auf kleiner Flamme dahinköcheln lassen. Wenn der Reis zu trocken wird, immer Fond angießen. Am Schluß der Garzeit – die Reiskörner müssen noch feucht, dürfen aber nicht klebrig sein – die Fische und Meeresfrüchte unterrühren. Salzen, pfeffern und mit Petersilie bestreuen sowie, je nach Geschmack, noch ein paar Butterflocken dazugeben, damit der Risotto schön sämig bleibt.

Obwohl man bei venezianischen Köchen und Kellnern verständnislose Blicke erntet, wenn man zu Fischrisotto Parmesan bestellt, schmeckt ein Kaffeelöffelchen Parmesen, kurz vor dem Servieren in den Risotto gerührt, sehr gut.

TAGLIOLINI MIT SHRIMPS UND RADICCHIO
TAGLIOLINI CON GAMBERETTI E RADICCHIO

Für 4 Personen
250 g dünne Bandnudeln (tagliolini)
150 g Radicchio · 150 g Römersalat
3 EL Butter · 20 ml Brandy
100 ml Crème fraîche
Meersalz und Pfeffer aus der Mühle
300 g Shrimps
frisch geriebener Parmesan wahlweise

Das Nudelwasser aufstellen und die Tagliolini darin al dente kochen. In der Zwischenzeit den Radicchio und den Römersalat gut durchwaschen, trockenschleudern und in Streifen schneiden.

In einer großen Pfanne die Butter auf kleiner Flamme erhitzen und das Salatgemüse darin etwa 5 Minuten langsam anschwitzen und ziehen lassen. Mit Brandy ablöschen. Die Hitze etwas verstärken und die Flüssigkeit gut reduzieren. Die Crème fraîche einrühren und damit die Sauce binden, dann mit Salz und Pfeffer würzig abschmecken. Am Schluß die Shrimps dazugeben und sie 2–3 Minuten auf kleiner Flamme in der Sauce ziehen lassen. Die inzwischen gekochten Nudeln gut abtropfen lassen und gründlich mit der Sauce vermengen. Abschließend kann man noch etwas salzen und pfeffern oder auch mit Parmesan nachwürzen.

Fischrisotto

SCHWARZER RISOTTO
RISOTTO NERO

400 g ganze Tintenfische (ersatzweise 250 g geputzte Tintenfische und ein Beutel konservierte Tintenfisch-Tinte, die in vielen Fisch- und Delikatessengeschäften erhältlich ist)
3 kleingehackte Schalotten
1 EL Butter · 2 EL Olivenöl
$^1/_8$ l trockener Weißwein (z.B. Soave)
200 g Arborio-Reis
$^1/_2$ l Fischsud oder Fischfond
Meersalz und Pfeffer aus der Mühle
Butterflocken

Die Tintenfische abspülen und das Fischbein sowie den Sack mit den Eingeweiden vorsichtig am Kopf herausziehen. Den kleinen Tintenbeutel zwischen den Eingeweiden behutsam herausschälen und beiseitestellen. Die Augen sowie alle harten Teile des Kopfes wegschneiden. Das übriggebliebene Tintenfischfleisch trockentupfen und in etwa 0,5 cm breite Streifen schneiden. Einfacher ist es, vorgeputzte Tintenfische zu verwenden.

In einem schweren Topf aus Gußeisen oder Edelstahl die Schalotten auf kleiner Hitze in Butter und Olivenöl anschwitzen. Die Tintenfische dazugeben und etwa 10 Minuten mitgaren lassen. Dabei öfters umrühren, damit sich das Bratgut nicht anlegt. Den Wein angießen, die Hitze erhöhen und die Flüssigkeit unter ständigem Rühren nahezu vollständig verdampfen lassen. Den Reis unterrühren und auf kleiner Flamme simmern lassen, bis er glasig wird. Schöpflöffelweise mit dem Fischsud aufgießen. Die Flüssigkeitszufuhr dabei so drosseln, daß der Reis während des Garvorgangs niemals schwimmt. Je konstanter man umrührt, desto besser gerät er. Nach etwa 18 Minuten hat der Risotto eine feinkörnige und dennoch "süffige" Konsistenz erreicht. Wer ihn gerne weicher hat, läßt ihn noch ein paar Minuten länger auf kleinster Flamme kochen.

Erst unmittelbar vor dem Servieren wird die Tinte aus den Eingeweiden oder als Fertigprodukt beigegeben und so gründlich eingerührt, daß der Risotto eine fast pechschwarze Farbe annimmt. Vor dem Servieren wird er noch mit Salz und Pfeffer abgeschmeckt und mit Butterflöckchen abgerundet.

Ähnlich lassen sich auch spaghetti *oder* linguine neri *zubereiten: Aus Butter, Olivenöl, Schalotten, Tintenfischen, Weißwein wird ein Sugo gemacht, der etwa 25 Minuten auf kleinster Flamme (eventuell unter Zugabe von etwas Wasser oder Fischsud) dahinköchelt, bevor man am Schluß die Tintenfischtinte beigibt und ihn über die al dente gekochten Nudeln gießt.*

CAPELLINI MIT TINTENFISCHEN NACH ART EINES RISOTTOS
CAPELLINI CON I CALAMARETTI AL "RISOTTO"

Für 4 Personen
250 g winzige Tintenfische (calamaretti)
5 EL bestes Olivenöl · 1 zerdrückte Knoblauchzehe
3 reife geschälte und entkernte Tomaten
1 Messerspitze Peperoncini · 3 Basilikumblätter
250 g Fadennudeln (capellini)
1 l kochendes Salzwasser
Meersalz aus der Mühle · frisch geriebener Parmesan

Die Calamaretti gut waschen und trockentupfen. Das Öl in einer Pfanne erhitzen, die Tintenfische und den Knoblauch darin auf kleiner Flamme etwa 15 Minuten lang köcheln lassen. Tomaten, kleingehackte Peperoncini und Basilikum sowie nach weiteren 5 Minuten die ungekochten Nudeln dazugeben. Mit einem Schöpflöffel Wasser aufgießen und die Pasta bei kleinster Hitze unter ständigem Rühren wie ein Risotto allmählich gar ziehen lassen, dabei gerade soviel Wasser wie nötig nachgießen. Wenn die Nudeln al dente sind, alles noch einmal gut durchrühren, mit Meersalz abschmecken und mit Parmesan servieren.

Schwarzer Risotto

Venezianischer Erbsenrisotto

VENEZIANISCHER ERBSENRISOTTO
RISI E BISI

Für 4 Personen

Dieses Gericht steht seit vielen Jahrhunderten im Mittelpunkt eines Streits zwischen den Bewohnern von Venedig und der Nachbarstadt Padua, die es als *risotto alla padovana* ebenfalls erfunden haben wollen. Typisch venezianisch ist jedoch die Sitte, das *risi e bisi* nicht nur mit Petersilie, sondern auch mit Fenchelsamen oder Fenchelblättern zu würzen.

2 Schalotten
2 EL feingewürfelter Räucherspeck (pancetta)
2 EL Butter
200 g Vialone- oder Arborio-Reis
3/4 l Rinder- oder Hühnersuppe
250 g junge kleine Erbsen (entweder Tiefkühlware oder ca. 800 g Erbsenschoten zum Auspuhlen)
2 EL feingehackte Petersilie
frisch geriebener Parmesan
Butterflocken nach Belieben
Salz

Die kleingehackten Schalotten und den feingewürfelten Räucherspeck in Butter glasig werden lassen. Den gut gewaschenen Reis vorsichtig darunterheben und warten, bis er das Fett anzieht. Nach und nach mit der Suppe aufgießen und den Reis dabei ständig rühren, wobei der Reis niemals in der Flüssigkeit schwimmen soll.

Nach rund 10 Minuten die Erbsen und die feingehackte Petersilie dazugeben. Nach etwa 18 Minuten sollten die Reiskörner die Flüssigkeit aufgesogen haben und noch einen winzigen weißen Kern in der im übrigen bereits glasig gewordenen Körnung erkennen lassen. Nun ist der Reis süffig und al dente, er kann daher getrost mit Parmesan und ein paar Butterflocken verfeinert und, so nötig, etwas nachgesalzen werden.

NUDELN MIT BOHNEN
PASTA E FASIOI

Für 4 Personen
250 g rotgesprenkelte Borlotti-Bohnen
120 g kleingewürfelter Speck
2 Schalotten · 1 Stange Bleichsellerie
1 kleine Möhre · 2 geschälte und entkernte Tomaten
1 Knoblauchzehe · etwa 2 l Wasser
1 Lorbeerblatt · 3 Salbeiblätter
1 Rosmarinzweiglein · 1 Schinkenknochen
Salz und Pfeffer aus der Mühle
6 EL Olivenöl · 120 g Tagliatelle
1 Schuß Essig · 1 EL Tomatenmark
2 EL frisch geriebener Parmesan

Die Bohnen über Nacht mit Wasser bedecken und einweichen. Am nächsten Tag gründlich abtropfen lassen und in einer geräumigen Kasserolle Speck, Schalotten, Bleichsellerie, Möhre, Tomaten, Knoblauch – alles kleingehackt – auf mittlerer Hitze gut anbraten. Die abgetropften Bohnen darin schwenken und alles mit reichlich Wasser aufgießen. Lorbeer, Salbei, Rosmarin sowie den Schinkenknochen dazugeben und alles auf kleiner Flamme etwa 2 Stunden lang köcheln lassen.

Die Hälfte der Bohnen abschöpfen, durch ein Sieb passieren und als Bindemittel wieder zurück in den Topf geben. Den Knochen sowie große Gewürzstücke entfernen. Ist die Suppe noch nicht genügend flüssig, empfiehlt es sich, mit Wasser oder besser mit etwas Rindersuppe aufzugießen. Mit Salz und Pfeffer abschmecken.

Mit dem Olivenöl die Bohnenbrühe geschmeidig machen, bevor die mehrfach geschnittenen oder gebrochenen Nudeln in den Topf kommen. Sind diese kernweich gekocht, schmeckt man die Suppe mit Salz und Pfeffer ab, allenfalls auch mit einem Schuß Essig und 1 Eßlöffel Tomatenmark, bevor man sie heiß mit darübergestreutem Parmesan serviert.

Polenta mit Artischocken

POLENTA MIT ARTISCHOCKEN
POLENTA AL CARCIOFI

Für 4 Personen
4 mittelgroße Artischocken
Saft einer Zitrone · Wasser
3 EL Olivenöl · 8 Schalotten
1 EL kleingehackte Kapern
$^1/_2$ l Gemüsebrühe
Salz und Pfeffer aus der Mühle
FÜR DIE POLENTA
$^1/_4$ l Wasser und Salz · 1 EL Olivenöl
100 g grober Maisgrieß · 2 EL kleingehackte Petersilie
4 Scheiben gut durchzogener Speck (pancetta)
1 EL Butter

Die Artischocken gut putzen und von den äußeren Blättern befreien. Die Frucht oben etwa um ein Viertel kürzen, Spitzen mit einer Küchenschere stutzen und alle Schnittstellen sofort mit Zitronensaft beträufeln. Die Stiele zweifingerbreit unter dem Ansatz kappen und das "Heu" entfernen. Die Artischocken vierteln und einige Minuten in Zitronenwasser einlegen, damit sie sich nicht verfärben.

3 Eßlöffel Öl in der Pfanne erhitzen, die abgetropften Artischockenviertel und die geschälten Schalotten einlegen und auf allen Seiten Farbe annehmen lassen. Die Kapern dazugeben, mit der Gemüsebrühe aufgießen, salzen, peffern und alles etwa 20 Minuten auf kleiner Hitze zugedeckt ziehen lassen.

Inzwischen das Wasser für die Polenta kräftig salzen und in einer mittelgroßen Kasserolle zum Kochen bringen. Das Öl dazugeben und die Polenta in einem dünnen Strahl ins Wasser gießen. Gerade so lange köcheln lassen, daß die Polenta noch weich bleibt, eventuell noch etwas Wasser und ein paar Tropfen Öl hinzufügen. Darauf die abgetropften Artischocken mit den Schalotten und der gehackten Petersilie anrichten. Den Speck in der Butter knusprig braten und jede Portion mit einer Scheibe davon abschließen.

NUDELFLECKEN MIT RÄUCHERRICOTTA
FLICS

Für 4 Personen
200 g griffiges Weizenmehl
200 g Hartweizengrieß aus Durumweizen
4 Eier · 1 TL Salz
4 EL Olivenöl · 4 EL Wasser
Salz für das Kochwasser · 150 g Butter
150 g Räucherricotta (Räucherquark)

Mehl und Grieß auf eine Arbeitsplatte sieben, in der Mitte eine kleine Vertiefung aussparen, in die zuerst die Eier geschlagen werden, bevor Salz, Olivenöl und Wasser hinzufügt wird. Vor dem Kneten des Teigs die Zutaten zunächst nach und nach mit einer Gabel verrühren und dabei das Mehl von der Außenseite über den feuchten Innenteil streuen, bis ein kompakter, dicker Brei entsteht. Diesen mit dem Handballen durchwalken, bis daraus eine glatte Teigkugel entsteht.

Teig in Klarsichtfolie einschlagen und 1–2 Stunden in den Kühlschrank stellen. Danach den Teig in vier Portionen teilen. Jede Portion mit dem Nudelholz ziemlich platt, aber keineswegs hauchdünn ausrollen. Die so entstandenen Teigplatten in möglichst unregelmäßige, breite Streifen schneiden und – je nach Dicke – in Salzwasser mehrere Minuten lang kochen, bis sie al dente, also bißfest sind.

In einer Pfanne mit schwerem Boden die Butter zerlassen, bis sie eine haselnußbraune Farbe annimmt. Darin die Nudelflecken mehrmals gut durchziehen und unmittelbar vor dem Anrichten den Räucherricotta darüberreiben.

Schneidet man die Flics etwas breiter, kann man sie nach dem Kochen auch einzeln mit dem geriebenen Räucherricotta bestreuen und daraus hübsche kleine Röllchen formen, die dann erst durch die braune Butter gezogen werden.

VOLLKORNSPAGHETTI IN SARDELLENSAUCE

Spaghetti integrali in Salsa Sardelle

Für 4 Personen
300 g Vollkornspaghetti
3 EL Butter · 3 EL Olivenöl
8 kleingehackte Schalotten
1 kleingehackte Knoblauchzehe
6 kleingewürfelte Sardellenfilets
12 kleingehackte Kapern
4 entkernte und kleingehackte Oliven
1 fleischige Tomate, geschält, entkernt und würfelig geschnitten
1 EL Pinienkerne (pignoli)
Salz und Pfeffer aus der Mühle
Tomatenmark
2 EL frisch geriebener Parmesan

Die Vollkornspaghetti in Salzwasser al dente kochen (sie brauchen etwas länger als normale Spaghetti).

Butter und Olivenöl in einer großen Pfanne erhitzen, zuerst die Schalotten, etwas später den Knoblauch darin auf kleiner Flamme glasig dünsten. Die Sardellen, die Kapern, die Oliven, die Tomate und die Pinienkerne hinzufügen und auf kleiner Flamme etwa 15 Minuten weiterdünsten, bis sich die Zutaten zu einer sämigen Sauce vermengen. Mit Salz, Pfeffer und eventuell etwas Tomatenmark abschmecken. Im Bedarfsfall 1–2 Eßlöffel Wasser nachgießen.

Die Spaghetti aus dem Wasser nehmen und gut abtropfen lassen. Mehrmals gründlich durch die Sauce ziehen, bis die Nudeln von dieser Farbe und Geschmack annehmen. Eventuell noch 1 Eßlöffel kaltgepreßtes Olivenöl darübergießen. Mit Parmesan bestreuen und heiß servieren.

Klassisch wird dieses Rezept mit venezianischen hausgemachten Nudeln aus Vollkornteig (bigoli) *gemacht, die in der einfachsten Variante nur mit einer Sauce aus Zwiebeln und Sardellen übergossen werden.*

KLEINE RÖHRENNUDELN MIT SALAMI

Pennette con Salame

Für 4 Personen
300 g Röhrennudeln (pennette)
1 kleine, frische Salami im ganzen oder 150 g grobe, weiche Salami als Aufschnitt
100 ml Pinot bianco
1 EL Tomatenmark
1 Messerspitze kleingehackte Peperoncini
Salz · 2 EL geriebener Parmesan

Die Nudeln in Salzwasser kernweich kochen (sie sollten auf keinen Fall ganz durchgekocht sein).

Die Salami enthäuten und das Brät entweder zerdrücken oder die Scheiben in kleine Stückchen hakken. Den Weißwein in einem großen Topf erwärmen und die Salamimasse darin auf kleiner Hitze anschmoren, bis daraus, unter Hinzufügung des Tomatenmarks, eine feine Sauce entsteht. Nach Wunsch mit Peperoncini und Salz abschmecken.

Die abgetropften Nudeln mit der Sauce vermischen. Mit Parmesan und allenfalls ein paar Butterflocken bestreuen und heiß servieren.

KÜRBISKLÖSSCHEN

Gnocchi di Zucca

Für 4 Personen
1 vollreifer Kürbis von ca. 1500 g
ca. 300 g feingesiebtes Weizenmehl
2 Eier (Eigelb und Eiweiß getrennt)
Salz · 3–4 Salbeiblätter
150 g Butter
8 EL geriebener Räucherricotta (Räucherquark)

Den Kürbis in Salzwasser weich kochen, das Fruchtfleisch aus der Schale lösen und in Stücke schneiden.

Kürbisklößchen

Diese durch ein Sieb passieren oder mit dem Stabmixer pürieren. Dem Püree entzieht man die überschüssige Flüssigkeit, indem man es ohne Zugabe von Fett unter ständigem Rühren auf kleiner Flamme erhitzt, bis ein ziemlich trockener Kürbisbrei entsteht.

Den Kürbisbrei mit Mehl, den beiden Eigelben, dem geschlagenen Eiweiß und dem Salz gut durchrühren, bis sich daraus ein kompakter Teig bildet. Aus diesem mit einem Löffelchen nach und nach kleine Klößchen stechen, die man möglichst schnell hintereinander in kochendes Salzwasser fallen läßt und so lange kocht, bis das letzte Klößchen aufgestiegen ist.

Die Salbeiblätter in brauner Butter Farbe nehmen lassen und über die gut abgetropften Gnocchi gießen. Mit feingeriebenem Ricotta bestreuen und möglichst heiß servieren.

HAUPTGERICHTE

SECONDI PIATI

Neben den berühmten Fischgerichten findet man in Venedig auch eine Vielzahl an Fleischspezialitäten. Die Zutaten dafür liefern Kälber aus den venezianischen Ebenen und Wild von den Ausläufern der Dolomiten.

Kaninchen in Wein und Essig, Steinbutt in Kapernsauce sowie Olivenöl, Knoblauch und Rosmarin

ÜBERBACKENE MEERESFRÜCHTE
FRUTTI DI MARE GRATINATI

Für 4 Personen
4 Riesenscampi
500 g verschiedene Meeresfrüchte (Meerschnecken, Messermuscheln, Jakobsmuscheln in verschiedenen Größen, Venusmuscheln, Miesmuscheln etc.)
150 g Stockschwämmchen oder Austernpilze
2 EL Butter
FÜR DIE GRATINIERSAUCE
200 g Butter · 2 Eigelb
1 Messerspitze Salz
1 Spritzer Weißwein
2 EL Muschelfond

Das Backrohr auf höchster Stufe vorheien. Die Riesenscampi in kochendem Salzwasser kurz überbrühen, bis die Schalen sich rot verfärben und man die Scampi bequem von ihnen befreien kann. Das Scampifleisch halbieren und beiseite legen. Dann auch die geputzten Meeresfrüchte überbrühen, bis sich die Schalen öffnen lassen und man das Fleisch herausnehmen oder (etwa bei Meerschnecken) herauspulen kann.

Das ausgelöste Fleisch der Meeresfrüchte mit den gewaschenen Stockschwämmchen in einer breiten Kasserolle von großem Durchmesser auf nicht allzu großer Hitze in etwas Butter schwenken und beiseite stellen.

Für die Gratiniersauce zunächst die Butter auf milder Hitze zum Schmelzen bringen. Dann in einem großen Topf heißes Wasser zum Kochen bringen und über dem Dampf in einem feuerfesten Geschirr die beiden Eigelbe mit dem Salz, dem Wein und dem Muschelfond verschlagen, bis daraus eine sämige Mischung entsteht. In diese mit dem Schneebesen nach und nach die geschmolzene Butter einrühren, bis sich eine schaumige Masse daraus bildet. Mit dieser vorsichtig alle übrigen Zutaten übergießen und die Kasserolle dann in das vorgeheizte Backrohr stellen, bis sich an der Oberfläche eine fast goldene Kruste zu bilden beginnt.

Ein ähnliches Gericht habe ich zum ersten Mal in meinem Leben bei Signor Boscarato im Dell'Amelia, *einem berühmten Fischlokal in Mestre, gegessen. Dort verwendet man statt der Riesenscampi allerdings einen in Scheiben geschnittenen, ganzen Hummer, der zuvor pochiert wurde.*

GEBACKENE MEERESTIERE
FRITTO MISTO DI MARE

Für 4 Personen
500 g geputzte Calamari (Tintenfische), in Ringe geschnitten
500 g Sardinen, Ährenfische oder andere winzige Meeresfische (evt. auch kleine Scampi) im ganzen
200 g Mehl
1,2 l Pflanzenöl · Salz
1 in Scheiben geschnittene Zitrone als Dekor

Von den Kalmaren den sogenannten "Schnabel" und alle harten Stücke entfernen. Die Kalmare in etwa 1 cm breite Ringe schneiden, die Tentakel (Fangarme) halbieren. Die Kalmare und die Fische unter kaltem Wasser gut waschen und anschließend gründlich trockentupfen. (Geschirrtücher sind dafür gewöhnlich besser geeignet als Küchenpapier, da dieses leicht an den Fischen klebenbleibt.)

Die Meerestiere in Portionen von jeweils 250 g in ein Sieb geben, ein Viertel des Mehls darüberschütten und gut durchschütteln, bis alle Fische bemehlt sind und kein überflüssiges Mehl zurückgeblieben ist.

Das Öl in einer Pfanne erhitzen, bis es bei der Wassertropfenprobe zischt. Die Fische ins heiße Öl geben, goldgelb ausbacken, mit einem Schaumlöffel herausnehmen und warm stellen. Mit den nächsten drei Portionen genauso verfahren.

Vor dem Servieren gut salzen und den Teller mit Zitronenscheiben umlegen.

Gebackene Meerestiere

BORETO VOM STEINBUTT

BORETO DI ROMBO

Für 4 Personen
3 EL Olivenöl · 1 Zwiebel
2 Knoblauchzehen · 4 Steinbuttfilets à 180 g
500 g in Stücke geschnittene gemischte Fische
(Angler, Aal, Dornhai, Ährenfische o. ä.)
Salz und Pfeffer aus der Mühle
100 ml Weißweinessig
100 ml trockener Weißwein · 200 ml Wasser

In einer schweren Pfanne reichlich Olivenöl erhitzen. Die Zwiebel in zwei Hälften schneiden und beide mit der Schnittseite nach unten im Öl anbräunen. Den Knoblauch mitbraten, bis er nahezu schwarz wird. Die Zwiebel und den Knoblauch entfernen.

Die Fischstücke ins heiße Öl legen und unter ständigem Schütteln auf allen Seiten scharf anbräunen, salzen und peffern. Mit dem Essig und dem Wein aufgießen, beides fast vollständig verkochen lassen und anschließend etwa die gleiche Menge Wasser dazugeben. Den Fisch in der Flüssigkeit fertig gar ziehen lassen und mit Polenta servieren.

Dieses ebenso traditionsreiche wie deftige Fischgericht kann auch mit geschälten Tomaten und einigen Basilikumblättern verfeinert werden. In diesem Fall benötigt man etwas weniger Wasser zum Aufgießen.

CALAMARI MIT PEPERONATA

CALAMARI E PEPERONI

Für 4 Personen
1 große Zwiebel
4 EL Olivenöl
8 ganze Calamari
Salz und Pfeffer
je 1 grüne, rote und gelbe Paprikaschote

Die Zwiebel klein hacken und die Hälfte davon in einer mit 2 Eßlöffel Olivenöl gefüllten Pfanne auf kleiner Hitze anschwitzen, bis sie glasig wird.

Dann die Calamari hinzufügen, salzen, pfeffern und auf möglichst kleiner Hitze etwa 1 Stunde lang ziehen lassen.

Etwa eine halbe Stunde später die restliche Zwiebel ebenfalls in einer Pfanne mit dem übrigen Olivenöl anschwitzen, die gut geputzten, in etwa 2 cm breite Streifen geschnittenen Paprikaschoten dazugeben und eine halbe Stunde zugedeckt schmoren. So wird das Kochgut in beiden Gefäßen gleichzeitig gar und kann danach in einem einzigen Kochgeschirr vereinigt werden, wo man es weitere 10 Minuten auf kleiner Flamme ziehen läßt. Heiß servieren.

Wenn man gemeinsam mit den Paprikaschoten auch noch eine Peperonischote mitgart, erhält das Gericht zusätzlich eine pikante Schärfe.

DIE BESTE FRUCHT DER CHRISTENHEIT

Der Weltenbummler und Reiseschriftsteller Thomas Coryat (1577–1617), der Venedig in seiner Renaissance-Blütezeit kennengelernt hatte, zeigte sich von der Küche der Lagunenstadt bereits durchaus beeindruckt. Noch mehr imponierte ihm allerdings die Buntheit der venezianischen Märkte "in einer Stadt, in deren Nähe es weder Wiesen noch Weiden noch Ackerland gibt". Dennoch lernte Coryat gerade in Venedig "das köstlichste Gericht unter allen sommerlichen Früchten der gesamten Christenheit" kennen, und darunter verstand er eine Honigmelone.

Calamari mit Peperonata

Scampi in Busara

GEFÜLLTE LANGUSTE
ARAGOSTA RIPIENA

Für 4 Personen

Dieses Rezept geht auf ein Originalrezept des italienischen Kochs Bartolomeo Scappi zurück, dessen Kochbuch 1570 erschienen ist.

1 Languste (ca. 1,5 kg)
4 Eigelb
5 EL gehackte Kräuter (Basilikum, Salbei, Zitronenmelisse, Liebstöckel, Kerbel, Estragon, Petersilie u. ä.)
5 EL Parmesan
2 Eiweiß · Salz und Pfeffer

Den Grill vorheizen. Die Languste in kochend heißem Salzwasser etwa 12–15 Minuten lang blanchieren, bis die rot verfärbte Schale bequem vom Fleisch getrennt werden kann, ohne daß der Langustenpanzer dabei verletzt wird. Vor dem Ablösen der Schale die Languste genau in zwei Hälften zerschneiden. Die Schalen nach dem Ablösen für die spätere Verwendung beiseite legen.

Das ausgelöste Schwanzfleisch in einer Küchenmaschine möglichst fein zerkleinern (Scappi spricht in diesem Zusammenhang von "geschlagenem Fleisch"). Dann die Eigelbe, die Kräuter und den Parmesan einrühren, bis eine kompakte Fülle entsteht. Das geschlagene Eiweiß unter die Fülle heben. Mit Salz und Pfeffer abschmecken.

Mit dieser Farce die beiden Langustenhälften füllen, wieder zusammensetzen und mit einem Bindfaden zusammenbinden. Die Languste 10 Minuten unter den vorgeheizten Grill setzen und auf gerösteten Brotscheiben im ganzen auftragen.

Da das Zusammensetzen der Languste etwas kompliziert ist, erweist es sich als hilfreich, die zusammengesetzte Languste in Alufolie einzuschlagen und diese nach dem Grillen wieder zu entfernen.

SCAMPI IN PIKANTER SAUCE
SCAMPI IN BUSARA

Für 4 Personen
3 EL Olivenöl
1 Knoblauchzehe
600 g rohe Scampi in der Schale
20 ml Brandy
6 vollreife, entkernte und geschälte Tomaten
1 TL Peperoncini
100 ml Pinot bianco
1 EL kaltgepreßtes Olivenöl
1 EL Petersilie
250 g kleine Röhrennudeln (rigatoni)

Das Olivenöl in einer großen Pfanne er-, aber nicht überhitzen, den Knoblauch dazugeben und die Scampi in der Schale darin von allen Seiten anbraten, bis sich die Schale rot färbt. Mit Brandy ablöschen, den Knoblauch entfernen, die Scampi herausnehmen und beiseite stellen.

Die Tomaten mit den Peperoncini einrühren, Weißwein zugießen und 20 Minuten auf kleiner Flamme köcheln lassen. Die Scampi noch 1–2 Minuten in der Busara-Sauce ziehen lassen, so daß sie gerade gar werden. Zum Schluß noch 1 Eßlöffel kaltgepreßtes Olivenöl sowie die kleingehackte Petersilie einrühren und die Sauce über die al dente gekochten Nudeln gießen.

Wer die Busara-Sauce lieber etwas deftiger mag, der erhöht sowohl den Knoblauch- als auch den Olivenölanteil und rührt am Schluß noch reichlich Brotkrumen ein. Eine feinere Methode ist, in der Busara-Sauce langsam einen Hummer oder eine Languste zu garen und diese dann ebenfalls – in kleine Stücke zerteilt – in der Sauce zu servieren.

ANGLER "PESCHERIA"

CODA DI ROSPO "PESCHERIA"

Für 4 Personen

Dieses Gericht verdankt seinen Namen dem alten venezianischen Fischmarkt unweit der Rialtobrücke. Es ist eine Art Fischeintopf, der sich auch mit anderen Fischen zubereiten und mit allerlei Muscheln und Meerestieren weiter verfeinern läßt.

6 EL Olivenöl · 1 große, feingehackte Zwiebel
4 feingehackte Knoblauchzehen
100 ml Martini bianco
400 g geputzte Calamari, in kleine Stückchen von etwa 0,5 cm Durchmesser gehackt
1 EL feingehackte Petersilie
1 EL feingehackte Zitronenmelisse
1 EL feingehacktes Basilikum
1 Dose geschälte Tomaten (pelati)
Salz · 1 TL feingehackte Peperoncini
800 g Angler (coda di rospo), in etwa 1,5 cm dicke Scheiben geschnitten
Mehl · 1 EL Butter

In einer großen Pfanne 4 Eßlöffel Olivenöl vorsichtig heiß (nicht zu heiß) werden lassen und die Zwiebel etwa 5 Minuten darin anschwitzen, bis sie goldgelb und glasig, aber nicht knusprig ist. Nach etwa 4 Minuten den Knoblauch hinzufügen und mitgaren. Alles mit Martini ablöschen und diesen einziehen lassen, bis die Flüssigkeit nahezu verdampft ist.

Die Tintenfischstückchen sowie die frischen Kräuter hinzugeben und alles gut durchrühren, damit sich nichts am Pfannenboden anlegt. Die Tomaten mit dem Saft in die Pfanne geben, kurz aufkochen lassen, dann sofort auf kleinste Hitze schalten und alles zugedeckt etwa 50 Minuten lang köcheln lassen. Zuweilen prüfen, ob genügend Flüssigkeit in der Pfanne ist, falls nicht, immer nur 1–2 Eßlöffel Wasser nachgießen. Die Sauce zum Schluß mit Salz und Peperoncini abschmecken.

Unterdessen die Anglerfilets salzen, beidseitig fein bemehlen und in 2 Eßlöffeln Olivenöl und 1 Eßlöffel Butter etwa 1 Minute lang scharf anbraten. Dann die Hitze stark reduzieren und mit geschlossenem Deckel noch etwa 3–4 Minuten weitergaren, bis der Fisch zwar noch bißfest, aber dennoch durch ist. Den Fisch auf einer vorgewärmten Platte anrichten und die Tintenfischsauce darübergießen.

SEEZUNGE IN WEISSWEIN

SOGLIOLA IN VINO BLANCO

Für 4 Personen

100 ml Pinot bianco (oder anderer trockener Weißwein)
1 EL Zitronensaft · 8 Seezungenfilets à ca. 80 g
6 EL Mehl · 60 g Butter · Salz und Pfeffer
2 EL feingehackte Petersilie
2 EL kaltgepreßtes Olivenöl

Den Wein und den Zitronensaft in eine möglichst flache Schüssel gießen und die Seezungenfilets durchziehen. Flüssigkeit von den Filets abfließen lassen und sie beidseitig im gut gesiebten Mehl wenden. Die restliche Wein-Saft-Mischung aufbewahren.

Die Butter in einer großen, schweren Pfanne aufschäumen lassen und die Filets auf beiden Seiten goldbraun braten. Die Seezunge auf keinen Fall zu lange garen lassen, weil sie sonst ihren charakteristischen festen Biß einbüßt. Die Filets schwach salzen und pfeffern, aus der Pfanne nehmen und warm stellen.

Die übriggebliebene Mischung aus Wein und Zitrone in die Pfanne gießen, Petersilie einrühren, alles kurz reduzieren, die Pfanne vom Herd nehmen und die Sauce mit 2 Eßlöffeln kaltgepreßtem Olivenöl aufschlagen. Die Sauce über die Filets gießen und heiß servieren.

Dasselbe Rezept läßt sich mit hauchdünn ausgeklopften Kalbsschnitzeln zubereiten, die Petersilie durch Basilikum oder Zitronenmelisse ersetzen.

Angler "Pescheria"

STEINBUTT IN KAPERNSAUCE

ROMBO AL CAPPERI

Für 4 Personen
4 schöne Steinbuttfilets à 180 g, möglichst aus der Mitte geschnitten
Salz und Pfeffer aus der Mühle
10 g Mehl
3 EL Olivenöl
3 EL Butter
3 EL mit dem Wiegemesser gehackte Kapern
2 feingehackte Sardellen
Saft einer großen Zitrone
2 EL kleingehackte Petersilie

Die Steinbuttfilets salzen, pfeffern und beidseitig leicht bemehlen. Öl erhitzen, die Fischfilets einlegen und unter mehrmaligem Wenden auf beiden Seiten anbraten, bis sie außen knusprig, innen aber noch saftig sind (je nach Größe der Filets dauert das etwa 4–6 Minuten). Die Filets herausnehmen und warm stellen.

Das überschüssige Öl abgießen und die Butter schmelzen lassen, bis sie aufschäumt. Kapern, Sardellen, Zitronensaft, Petersilie einrühren und – sobald sich die Flüssigkeit gebunden hat – über die Steinbuttfilets gießen.

GESCHMORTER DORNHAI

ASIA IN UMIDO

Für 4 Personen
800 g Dornhai im ganzen
3 EL Olivenöl
1 EL Butter
3 Schalotten
1 Möhre
1 Staude Stangensellerie
100 ml Tocai (oder ein anderer trockener Weißwein)
6 mittelgroße, geschälte und entkernte Tomaten
1 Messerspitze kleingehackte Peperoncini
8 Blätter Basilikum
Meersalz aus der Mühle

Den Dornhai putzen, waschen, trockentupfen und in vier gleich große Stücke zerteilen. Diese beidseitig in Abständen von etwa 2 cm mit einem scharfen Messer einschneiden.

In einer Pfanne mit schwerem Boden das Öl und die Butter erhitzen und darin die kleingehackten Schalotten, Möhren- und Stangenselleriestückchen anbräunen. Die Dornhaistücke einlegen und kurz anschwitzen lassen. Danach mit Weißwein aufgießen und diesen reduzieren, bis fast alle Flüssigkeit verdampft ist. Bevor sich Fisch und Gemüse am Pfannenboden anzulegen beginnen, die kleingewürfelten Tomaten, die Peperoncini sowie die Basilikumblätter dazugeben. Alles auf kleinster Flamme zugedeckt etwa 20 Minuten durchschmoren und zuletzt mit Salz aus der Mühle abschmecken.

Dieses typische Lagunengericht läßt sich auch mit Aal sehr gut – allerdings auch noch etwas nahrhafter – zubereiten. In jedem Fall sind die idealen Begleiter ein paar Polentascheiben vom Rost.

Fischernetze in der Lagune

Steinbutt in Kapernsauce

Hühnerbrust mit Spargel

HÜHNERBRUST MIT SPARGEL

PETTO DI POLLO AL ASPARAGI

Für 4 Personen
8 große Solospargel von 15–20 mm Durchmesser
2 l Wasser und 100 ml Essig
4 Hühner- oder Perlhuhnbrüste à 180 g
Salz und Pfeffer aus der Mühle
8 hauchdünne Scheiben Schinken
(San Daniele)
2 EL Mehl
3 EL Olivenöl
100 ml trockener italienischer Weißwein
(z. B. Tocai oder Pinot bianco)
50 ml Spargelbrühe

Die Spargel von den holzigen Teilen befreien, schälen und 12 Minuten in kochendem Essigwasser auf mittlerer Hitze (sacht sprudelnd) kochen. Dann die Spargel aus dem Wasser heben und beiseite stellen.

Die vier Hühner- oder Perlhuhnbrüste der Breite nach in jeweils zwei gleich große Teile schneiden und diese zart ausklopfen, so daß man am Schluß acht hauchdünne Hühnerschnitzel zur Verfügung hat. Die Schnitzel beidseitig salzen und pfeffern und jeweils mit einer Scheibe Schinken belegen. Darauf jeweils einen Spargel legen und um diesen das Hühnerschnitzel mit dem Schinken herumrollen. Das Ganze mit einem Zahnstocher befestigen, damit die Roulade nicht auseinanderfällt. Die Spargelspitzen sollen dabei ruhig aus dem Röllchen herausschauen.

Alle acht Röllchen leicht bemehlen und in heißem Olivenöl von allen Seiten her anbraten, bis die Brüstchen knusprig und braun sind. Dann die Röllchen aus der Pfanne heben, sie kurz beiseite stellen. Allenfalls überschüssiges Fett abgießen und den Bratensatz mit Wein sowie Spargelbrühe auffüllen. Während man die Flüssigkeit auf sämige Konsistenz einkochen läßt, wird der Bratensaft mit einem Spatel gelockert, bis die Mehlrückstände die kurze Sauce wie von selbst binden. Ist die Sauce entsprechend reduziert, legt man noch einmal die Hühner-Spargel-Röllchen ein und zieht sie durch die Sauce, bis sie ganz davon überzogen sind. Heiß mit gerösteten Weißbrotscheiben servieren.

Man kann dieses Gericht auch mit grünem Spargel zubereiten. Da dieser jedoch dünner ist, muß man zwei bis drei Stück davon nehmen, um jeweils eine Hühnerbrust zu füllen.

TOCAI, TOKAJI ODER TOKAY?

Um kaum einen Wein der Welt herrscht soviel babylonische Sprachverwirrung wie um den friulanischen Tocai. Dabei handelt es sich um ein ganz einfaches, unkompliziertes und anspruchsloses, aber schon immer im Friul angebautes Gewächs, einen leichten, duftigen Wein, der hervorragend zu Fisch paßt und in jeder venezianischen Osteria als ombretta gereicht wird.

Unglücklicherweise gibt es jedoch noch berühmtere, ähnlich klingende Weine, vor allem den ungarischen Süßwein namens Tokaji, der aus der Furmintrebe gekeltert wird. Der fast ebenso berühmte Tokay d'Alsace wiederum ist ein Grauburgunder und würde in Venedig Pinot grigio heißen. In der Lagunenstadt weiß allerdings jeder, was er bekommt, wenn er in einer Bar oder einem Restaurant Tocai bestellt.

Nur ein österreichischer Restaurantkritiker wußte es einmal nicht. Er entrüstete sich in einem Artikel wortreich, man habe ihm zu Fisch einen Tocai angeboten, obwohl man doch wissen müsse, daß ein so schwerer, süßer Wein gerade zu Fisch nicht passe. Der Mann hat sich unsterblich blamiert.

KUTTELN MIT MONTASIOKÄSE

TRIPPA ALLA MONTASIO

Für 4 Personen
600 g kochfertige Kalbskutteln
30 g durchzogener Speck · 3 Schalotten
1 Stange Stangensellerie · 1 Möhre
1 Zweiglein frischer Rosmarin · 4 Salbeiblätter
3 EL Olivenöl · 1 Lorbeerblatt
4 enthäutete, entkernte und gewürfelte Tomaten
Salz und Pfeffer aus der Mühle · 600 ml Rinderbrühe
8 Scheiben getoastetes Weißbrot
6 EL geriebener Montasiokäse

Die Kalbskutteln in kaltem Wasser aufstellen und etwa 1 Stunde lang kochen lassen. Danach mit einer Schöpfkelle herausnehmen und in Eiswasser legen. Etwa eine halbe Stunde abkühlen lassen, dann in schmale Streifen schneiden.

Speck, Schalotten, Stangensellerie, Möhre, Rosmarin und Salbei mit einem Wiegemesser sehr klein hacken. Das Olivenöl in einer großen Kasserolle erhitzen und alle Zutaten etwa 15 Minuten auf kleiner Flamme gründlich durchschmoren. Wenn die Schalotten eine goldgelbe Farbe haben, die Kutteln, das Lorbeerblatt und die Tomaten dazugeben, alles kurz aufkochen lassen und mit Salz und Pfeffer würzen. Bevor die Tomatenflüssigkeit verdampft ist, gießt man mit Rinderbrühe auf, wobei alle Kutteln von Brühe bedeckt sein müssen. Alles noch einmal aufkochen lassen, dann sofort die Hitze reduzieren und den Deckel auflegen. Das Ganze auf mittlerer Flamme je nach Konsistenz der Kutteln 1–2 Stunden lang unter gelegentlichem Umrühren köcheln lassen. Dann den Deckel öffnen, das Lorbeerblatt entfernen und die Kutteln weitergaren lassen, bis die Sauce eine sämige, nicht zu flüssige Konsistenz angenommen, aber noch nicht alle Feuchtigkeit aufgesogen hat.

Inzwischen die Brotscheiben unter dem Grill oder in der Pfanne rösten, jeweils zwei davon in die Mitte eines nicht zu flachen Tellers legen. Die Kutteln zur zusätzlichen Bindung der Sauce mit dem Montasiokäse verrühren und mit frisch geschrotetem Pfeffer würzen, bevor man sie über die Brotscheiben gießt.

VENEZIANISCHE KALBSLEBER

FEGATO ALLA VENEZIANA

Für 4 Personen
600 g gut geputzte, von allen Häuten und Strängen befreite Kalbsleber
3 EL Olivenöl · 3–4 EL Butter
3 möglichst frische und saftige weiße Zwiebeln
Salz und Pfeffer aus der Mühle
feingehackte Petersilie für die Garnitur

Die Leber mit einem scharfen Filetiermesser in hauchdünne Scheiben schneiden. Das Öl mit 2 Eßlöffel Butter auf mittlerer Flamme vorsichtig erhitzen, bis die Butter zu schäumen aufhört. Die Zwiebeln in hauchzarte Ringe schneiden und im Fett langsam eine knappe halbe Stunde zugedeckt dünsten lassen, bis sie goldgelb geworden sind. Zwischenzeitlich öfters umrühren, um sicherzugehen, daß sich nichts am Pfannenboden anlegt. Die Zwiebeln aus der Pfanne heben, beiseite stellen und die Hitze wesentlich erhöhen.

Die Leber unter ständigem Schütteln und Wenden kurz anbraten, so daß sie zwar gar, aber keinesfalls trocken wird, was bei richtigem Filetieren bereits nach etwa 3 Minuten der Fall ist. Zwiebelringe dazugeben und 1 weitere Minute auf mittlerer Flamme gut durchziehen lassen. Jetzt erst salzen und pfeffern.

Die Leber mit den Zwiebeln gemeinsam auf heißen Tellern oder einer vorgewärmten Platte anrichten. In der Zwischenzeit die restliche Butter im Bratenfond anschmelzen lassen und diesen, wenn nötig, mit einem Kochlöffel loskratzen. Die geschmolzene Butter mit Petersilie vermischen und über die Leber gießen. Heiß servieren.

Venezianische Kalbsleber

Kalbsnieren nach Bartolomeo Scappi

KALBSNIEREN NACH BARTOLOMEO SCAPPI

ROGNONI BARTOLOMEO SCAPPI

Für 4 Personen

Auch dieses Rezept geht auf Bartolomeo Scappi und sein Kochbuch von 1570 zurück. Zu seiner Zeit war Zucker so teuer, daß er als Inbegriff des Wohlstands galt. Heute mundet das Gericht besser, wenn man den Zucker durch etwas Meersalz und den Granatapfelsaft durch erstklassiges kaltgepreßtes Olivenöl ersetzt.

2 ganze Kalbsnieren
250 g Kalbslende im ganzen
3 EL gemischte gehackte Kräuter
(Minze, Majoran, Fenchelgrün o. ä.)
jeweils 1 Messerspitze Pfeffer, Nelkenpulver,
Anis, Zimt und geriebene Muskatnuß
1 TL Zucker · 2 Eigelb
2 EL Granatapfelkerne
8 Scheiben altbackenes Brot
2 EL Butterschmalz · etwas Staubzucker

Die Kalbsnieren im Fettmantel im vorgeheizten Rohr bei 180 °C rund 30 Minuten braten. Nach einer Viertelstunde die Kalbslende dazugeben und mitbraten. Beides aus dem Rohr nehmen, etwas abkühlen lassen. Die Nieren entfetten und ebenso wie die Lende kleinwürfelig schneiden oder in der Küchenmaschine zerkleinern. Mit den Kräutern, den Gewürzen, dem Zukker und dem Eigelb vermischen.

Aus den Granatapfelkernen Saft pressen und etwa die Hälfte davon über die Farce gießen (ersatzweise Multivitaminsaft verwenden).

Die Brotscheiben in Butterschmalz anrösten, die Farce darauf verteilen und im Rohr bei 220°C maximal 10 Minuten gratinieren, bis die Oberfläche knusprig braun erscheint. Herausnehmen, mit etwas Staubzucker bestreuen und mit dem restlichen Granatapfelsaft beträufeln. Heiß servieren.

REH IN REFOSCO

CAPRIOLO IN REFOSCO

Für 4 Personen
4 Schalotten · 2 Knoblauchzehen
6 EL Olivenöl · 1 Stange Stangensellerie
1 Lorbeerblatt · 1 Zweiglein Thymian
1 Messerspitze getrockneter Majoran
1 Flasche Refosco (oder ein anderer kräftiger Rotwein)
0,3 l Rinderbrühe · 2 EL Rotweinessig
1 kg gut zugeputztes Rehfleisch von
Schulter und/oder Keule
150 g in Streifen geschnittener Speck
1 weiße Zwiebel
Salz und Pfeffer aus der Mühle

Die Schalotten und den Knoblauch schälen und klein hacken. 4 EL Öl erhitzen, Schalotten dazugeben und kurz anschwitzen lassen. Dann den Knoblauch, den grob geschnittenen Stangensellerie, das Lorbeerblatt, den Thymian und den Majoran hinzufügen. Alles mit Wein, Rinderbrühe und Essig ablöschen und eine halbe Stunde auf mäßiger Hitze köcheln lassen.

Das in Stücke von etwa 4 cm Durchmesser geschnittene Rehfleisch in eine Schüssel geben und mit der Beize übergießen, in der man es rund 24 Stunden lang bei Zimmertemperatur mariniert. Danach das Fleisch aus der Beize nehmen und trockentupfen.

In einem feuerfesten Geschirr den Speck und die kleingeschnittene Zwiebel in dem restlichen Öl leicht anbraten, die Fleischwürfel dazugeben. Das Fleisch salzen und pfeffern, dann allmählich die Beize angießen, leicht aufkochen lassen, die Hitze wieder reduzieren und das Fleisch zugedeckt etwa 2–3 Stunden auf kleinster Flamme schmoren lassen. Danach das Fleisch herausheben und warm stellen.

Inzwischen die Sauce passieren und reduzieren, bis sie sämig wird. Dann das Fleisch und die Speckstreifen darin noch einmal gut durchziehen lassen und alles mit gebratenen Polentaschnitten servieren.

Kaninchen in Wein und Essig

KANINCHEN IN WEIN UND ESSIG

CONIGLIO IN SAOR

Für 4 Personen
1 ganzes Kaninchen von ca. 1200 g
Essigwasser (100 ml Essig auf 1 l Wasser)
1–2 EL Olivenöl
2 Knoblauchzehen
50 g Speck
4 Pfefferkörner
1 winziges Lorbeerblatt
1 Rosmarinzweiglein
Meersalz aus der Mühle
200 ml Wein
200 ml Hühnerbrühe
ein halbes Dutzend kalte Butterflocken

Das Kaninchen in acht Stücke hacken und etwa 4 Stunden bei Zimmertemperatur in Essigwasser einlegen. Dann die Kaninchenstücke mit einer Schöpfkelle herausnehmen, mit Küchenpapier möglichst gut abtupfen und das Essigwasser beiseite stellen.

In einer großen, schweren Kasserolle das Öl erhitzen, die feingehackten Knoblauchzehen, den kleingehackten Speck, die Pfefferkörner, das Lorbeerblatt und das Rosmarinzweiglein hinzufügen und alles Farbe nehmen lassen. Die zuvor mit Meersalz gewürzten Kaninchenstücke zugeben und unter mehrmaligem Wenden Farbe nehmen lassen.

Das Bratgut mit Wein und Hühnerbrühe aufgießen, einen Deckel aufsetzen und auf kleinster Flamme 50 Minuten schmoren. Es empfiehlt sich, hin und wieder nachzusehen, ob sich noch genügend Flüssigkeit im Topf befindet, und verdunstete allenfalls durch ein paar Löffel von dem verbliebenen Essigwasser zu ersetzen.

Am Schluß die Kaninchenstücke mit Hilfe eines Schaumlöffels aus der verbliebenen Flüssigkeit nehmen. Die Flüssigkeit durch ein feines Haarsieb passieren, bei Bedarf noch ein wenig reduzieren und – nachdem man sie vom Herd genommen hat – mit einigen kalten Butterflocken aufschlagen. Die Sauce über die Kaninchenstücke gießen.

Wenn Pilze zur Verfügung stehen, sautiert man diese kurz vor dem Ende des Schmorvorgangs rasch in Butter an und drapiert sie beim Anrichten mit etwas gehackter Petersilie direkt über das Kaninchen und die Sauce.

VENEDIGS KÜCHE, EIN GREUEL?

Als ein englischer Seefahrer 1494 in Venedig vor Anker ging, schrieb er nach einem kleinen Stadtbummel die folgenden Worte in sein Logbuch: "Die Venezianer sind dermaßen mit ihren Geschäften befaßt, daß sie sich vor lauter Geldverdienen gar nicht ums Essen kümmern. Wo immer man hinkommt, nirgendwo findet man ein auch nur einigermaßen appetitlich aussehendes Stück Fleisch, was immer man dafür zu zahlen gewillt wäre."

Was das Fleisch betrifft, verhält es sich in der Meeresstadt Venedig, wenn man von der berühmten *fegato alla veneziana* einmal absieht, bis heute nicht viel anders. Aber könnte es vielleicht sein, daß der britische Seebär ganz einfach keinen Fisch gemocht hat?

DESSERTS

DOLCI

Venedigs Rolle als bedeutendes frühes Handelszentrum verdankt die venezianische Küche ihre Kuchen und andere herrliche Süßspeisen. Und viele der Desserts, die wir heute so lieben – von gefüllten Krapfen bis hin zum Tiramisu – sind venezianischen Ursprungs.

Faschingskrapfen, Tiramisu und Bellini-Cocktail

VENEZIANISCHE FASCHINGSKRAPFEN
FRITOLE

Für 4–6 Personen
80 g Rosinen
2 cl Grappa
30 g Hefe · 5 EL Milch
320 g Mehl
1 Ei · 3 Eigelb
40 g Staubzucker
1 EL Vanillezucker
1 Prise Salz
1 Messerspitze Zimt
Schale einer unbehandelten Zitrone
1 EL Pinienkerne
Schweine- oder Butterschmalz zum Ausbacken
Puderzucker

Die Rosinen in Grappa einweichen, die Hefe in zwei Eßlöffeln Milch auflösen. Mehl, Ei und die Eigelbe, die restliche Milch, Zucker und Vanillezucker, Salz, Zimt und die geriebene Zitronenschale gut miteinander vermischen. Die aufgelöste Hefe, die Grapparosinen und die Pinienkerne dazugeben und den Teig an einen warmen Ort stellen, wo man ihn etwa 3 Stunden aufgehen läßt. Gerät er dabei zu dick und trocken, kann man ihn mit ein wenig Wasser oder Milch etwas cremiger machen.

In einer großen Kasserolle reichlich Schweine- oder Butterschmalz erhitzen. Unterdessen aus dem Teig mit Hilfe eines Eßlöffels kleine Bällchen formen, diese von beiden Seiten her braun ausbacken und dann mit einer Schöpfkelle vorsichtig herausheben. Auf Küchenpapier abtropfen lassen und in Staubzucker wenden, warm oder kalt servieren.

Wenn man denselben Teig nicht kugelrund formt, sondern streifenförmig auszieht und ihn dann in Schweineschmalz ausbäckt, erhält man ein anderes beliebtes Faschingsgebäck, die sogenannten crostoli.

KARTOFFELKIPFEL
CHIFELETI

Für 6–8 Personen
1 kg mehlige Kartoffeln
120 g Kristallzucker
200 g Weizenmehl
2 EL Butter · 3 Eier
1 Messerspitze Salz
Öl zum Backen
3 gehäufte EL Puderzucker
1 gestrichener EL Zimtpulver

Die geschälten Kartoffeln in sprudelndem Salzwasser etwa 12 Minuten lang kochen, durch ein Passiersieb streichen und mit Zucker, Mehl, warmer Butter, Eiern und etwas Salz zu einem geschmeidigen Teig verarbeiten. Aus diesem kleine Halbmonde formen, die in heißem Öl ausgebacken und mit einer Mischung aus Puderzucker und Zimt bestreut werden.

HOLUNDERCREME
ZUF DI POMULE

Für 4 Personen
1 kg frisch gepflückte, möglichst reife Holunderbeeren
2 EL Zucker · 1 Messerspitze Salz
2 Gewürznelken
1 EL Butter · $^1/_2$ l Milch
1 EL Weizenmehl
4 geröstete Weißbrotscheiben

Die Holunderbeeren passieren, in einen großen Topf geben und unter ständigem Rühren aufkochen. Diesen Vorgang mehrmals wiederholen. Wenn die Beerenmasse schön sämig ist, den Zucker dazugeben, mit Salz sowie Gewürznelken würzen, dann die Butter, die Milch und das Mehl einrühren. Die Creme kalt oder warm auf gerösteten Weißbrotscheiben servieren.

Faschingskrapfen

SÜSSE RAVIOLI
CJALCONS

Für 4 Personen

In Venezien und Friaul ißt man dieses Gericht auch gerne als Vorspeise, was aufgrund seines süßen Charakters für Nichteinheimische jedoch etwas gewöhnungsbedürftig ist. Als Dessert eignet es sich jedoch ausgezeichnet.

FÜR DEN TEIG
200 g griffiges Weizenmehl
200 g Hartweizengrieß aus Durumweizen
4 Eier · 1 TL Salz
4 EL Olivenöl · 4 EL Wasser
FÜR DIE FÜLLE
4 Kartoffeln
1 Apfel · 1 Birne
1–2 EL feingehackte Kräuter
(Petersilie, Basilikum, Minze, Zitronenmelisse, Majoran u. ä.)
geriebene Schale einer unbehandelten Zitrone
1 EL Rosinen · 4 zerdrückte Kekse
100 g Räucherricotta (Räucherquark)
50 g geriebene Bitterschokolade
4 EL Pflaumenmarmelade
ZUM GARNIEREN
4 EL geriebener Räucherricotta (Räucherquark)
2 EL Staubzucker
1 TL Zimt · 90 g zerlassene Butter

Den Nudelteig wie bei den Nudelflecken (Seite 91) beschrieben zubereiten, bei diesem Rezept aber möglichst dünn (am besten mit Hilfe einer Nudelmaschine) ausziehen. Aus dem Teig mit einer Form oder einem Glas runde Scheiben von etwa 8 cm Durchmesser stechen.

Die Kartoffeln kochen und durch ein Passiersieb zu Püree verarbeiten. Die übrigen Zutaten für die Fülle wenn nötig zerkleinern und mit dem Kartoffelpüree vermischen. In die Mitte jeder Teigscheibe ein Häufchen von der Fülle setzen, den Teig täschchenartig zu Ravioli umschlagen und durch starkes Andrücken mit Daumen und Zeigefinger gut verschließen.

Die Cjalcons in reichlich Salzwasser al dente kochen und – mit geriebenem Räucherricotta und Zimtzucker bestreut sowie mit reichlich brauner Butter beträufelt – heiß servieren.

WEINSCHAUM
ZABAIONE AL VINO

Für 4 Personen

Auf die Erfindung dieses alkoholträchtigen Desserts, das in ganz Italien angeboten wird, erheben die Venezianer deshalb Anspruch, weil sie es schon zu Zeiten des Feldherrn Othello mit Wein aus Cypern zubereitet haben wollen. Am besten eignet sich jedoch Marsala alla mandorla, ein sizilianischer Süßwein mit ausgeprägtem Mandelaroma.

150 ml schwerer Süßwein
(Marsala Vinsanto, Recioto o. ä.)
50 g Staubzucker
6 Eigelb
4 cl Brandy oder Rum
geriebene Schale einer unbehandelten Orange
1 Prise Zimtpulver

Den Süßwein mit Zucker, Eigelb, Brandy und Orangenschale in einem Schneekessel über heißem Dampf oder im Wasserbad schaumig schlagen, bis er konsistent genug ist, um ihn in große Weingläser abzufüllen. Mit Zimtpulver bestreuen und noch heiß auslöffeln.

Weinschaum

TIRAMISU

Tiramisu

Für 6–8 Personen
0,2 l starker schwarzer Kaffee
1 Vanilleschote
4 Eigelb · 60 g Vanillezucker
500 g Mascarpone · 3 Eiweiß
40 g Kristallzucker · 5 cl Cognac oder Weinbrand
4cl Kahlúa (Kaffeelikör)
32 Löffelbiskuits
100 g feinstgeriebene Bitterschokolade
oder Kakaopulver

Kaffee von der Stärke eines italienischen Espressos zubereiten. Die Vanilleschote im Mörser zerstoßen und beiseite stellen.

Die Eigelbe und den Vanillezucker mit einem Schneebesen in einem großen Gefäß gründlich schaumig rühren. Dann löffelweise Mascarpone hinzufügen und mitsamt der zerstoßenen Vanilleschote einrühren, bis eine gelbliche, feine und sämige Masse mit kaum wahrnehmbaren schwarzen Pünktchen entsteht.

In einem anderen Gefäß aus dem Eiweiß und dem Kristallzucker einen schönen, schaumigen Eischnee schlagen. Den Schnee löffelweise und unter vorsichtigem Umrühren in die Mascarponemasse heben, bis daraus eine glatte Creme wird.

Den Kaffee mit dem Cognac und dem Kahlúa-Likör vermischen und die Flüssigkeit auf eine Vorlegeplatte schütten, so daß man darin bequem die Löffelbiskuits tränken kann. Mit einem Teil dieser Löffelbiskuits den Boden einer Kastenform auslegen und darüber eine etwa 1 cm hohe Cremeschicht streichen. Dann alternierend jeweils eine Lage Löffelbiskuits und eine Lage Creme auftragen. Die oberste Schicht muß Creme sein, die man mit einer Teigkarte ganz glatt streicht.

Für einige Stunden kühl ziehen lassen und vor dem Servieren mit der geriebenen Bitterschokolade oder mit Kakaopulver bestreuen.

FRITIERTE CREME

Crema Frita

Für 4 Personen
200 g besonders feines Weizenmehl
4 Eier
8 EL Kristallzucker
geriebene Schale von einer unbehandelten Zitrone
1 l Milch
1 kleingehackte Vanilleschote
250 g Paniermehl
1 Ei
reichlich Butterschmalz zum Ausbacken
Vanillezucker zum Bestreuen

Das Mehl durch ein feines Haarsieb in eine Schüssel sieben und mit den Eiern, dem Zucker und der Zitronenschale durcharbeiten. Nach und nach auch die Milch zugießen und unter ständigem Rühren 10 Minuten knapp unter dem Siedepunkt ziehen lassen, bis eine dicklich-sämige Creme entsteht.

Die Creme auf ein gefettetes Backblech gießen, die kleingehackte Vanilleschote darüberstreuen und erkalten lassen. Aus der steifgewordenen Creme kleine Quadrate schneiden, diese zuerst im Paniermehl, dann im verschlagenen Ei und anschließend noch einmal im Paniermehl wälzen und in Butterschmalz ausbacken. Mit Vanillezucker bestreut heiß servieren.

Tiramisu

Bellini-Cocktail

EDELKASTANIEN MIT BUTTERMILCH

CASTAGNE CON LA BATTUTA

Für 4 Personen
1 kg Edelkastanien mit möglichst glatten, glänzenden Schalen
Salz · 1 l frische Buttermilch

Das Backrohr auf 220 °C vorheizen. Die Kastanien auf der gewölbten Seite kreuzweise einschneiden, auf einem Backblech auslegen, mit etwas Wasser bespritzen und ins Backrohr schieben, bis sich die Schalen öffnen und die Kastanien leicht schälen lassen.

Die geschälten Kastanien in heißes Salzwasser einlegen und bei kleiner Hitze etwa 10–15 Minuten kochen. Sie sollen weich sein, aber nicht zerfallen. Die Kastanien noch warm auf Schüsselchen verteilen und – mit kalter Buttermilch übergossen – auftragen.

Dieses Gericht wird idealerweise mit der aus Cividale del Friuli stammenden Kastaniensorte "cjanelútis" zubereitet. Man kann aber auch andere Edelkastanien nehmen. Aufgrund seiner leicht salzigen Komponente eignet sich dieses Gericht als Antipasto ebenso wie als Dessert.

BELLINI-COCKTAIL

BELLINI

Für 4 Personen

Der berühmteste Drink, den Venedig hervorgebracht hat, wurde 1948 in Harry's Bar erfunden und ist leicht gemacht. Er eignet sich sowohl als Aperitif vor wie als Digestif nach dem Essen.

120 ml Püree von weißen Pfirsichen
(in gut sortierten Feinkostläden erhältlich)
400 ml Prosecco

In vier gut gekühlte Gläser gleichmäßig das im kältesten Teil des Kühlschranks gelagerte Fruchtpüree verteilen. Es muß von weißen Pfirsichen stammen, die möglichst nicht maschinell püriert, sondern zuerst durch den Fleischwolf gedreht und anschließend durch ein Sieb passiert wurden. Dann wird pro Drink mit 100 ml Prosecco im Verhältnis 1:3 aufgegossen.

Wenn man das Fruchtpüree für diesen Drink selbst herstellt und es gerät zu wenig süß, so kann man ohne weiteres mit 1–2 Teelöffeln Zuckersirup nachhelfen.

+ Zeile

BELLINI ODER ROSSINI?

Das ist, obwohl beide Komponisten mit Venedig eng verbunden waren und im Teatro La Fenice auch einige ihrer Opern uraufführen ließen, nicht nur eine musikalische Frage. Bellini ist nämlich auch der Name des berühmtesten aus Venedig stammenden Cocktails. Er wurde, wie auch das nicht minder berühmte Carpaccio, in Arrigo Ciprianis kulinarischer Werkstatt erfunden und besteht aus einem Fruchtpüree aus weißen Pfirsichen, das mit Prosecco aufgegossen wird. Und auch wenn Arrigo Cipriani diesen Cocktail 1948 nach dem rosafarbenen Glühen der Gemälde des venezianischen Quattrocento-Malers Giovanni Bellini benannt hat, so könnte er doch ebenso nach den glutvollen Arien des Komponisten Vincenzo Bellini benannt sein. Wie dem auch sei: Fest steht jedenfalls, daß man das Pfirsichpüree auch durch Erdbeerpüree ersetzen kann – und dann wird aus dem Bellini flugs ein Rossini.

VENEZIANISCHE MEISTERWERKE AUF DER CD

ANTONIO VIVALDI (1678 – 1741)

Die vier Jahreszeiten

1) Der Winter – Allegro 3:14

Federico Agostini, Violine
I Musici
(P) 1990 Philips Classics Productions

ANTONIO CALDARA (1670 – 1736)

2) *Alma del core* 3:12

Luciano Pavarotti, Tenor
Philharmonia Orchestra
Piero Gamba
(P) 1983 The Decca Record Company Limited

JACQUES OFFENBACH (1819 – 1880)

Les contes d'Hoffmann (Hoffmanns Erzählungen)

3) Barcarole 4:32

Gothenburg Symphony Orchestra
Neeme Järvi
(P) 1990 Deutsche Grammophon GmbH, Hamburg

DOMENICO CIMAROSA (1749 – 1801)

Oboenkonzert C-dur

4) 2. Allegro 2:36

Heinz Holliger, Oboe
I Musici
(P) 1987 Philips Classics Productions

GIOACCHINO ROSSINI (1792 – 1868)

Semiramis

5) Alle più calde immagini 3:35

Cheryl Studer, Sopran
Jennifer Larmore, Mezzosopran
London Symphony Orchestra
Ion Marin
(P) 1994 Deutsche Grammophon GmbH, Hamburg

TOMASO ALBINONI (1671 – 1751)

Arr. R. Giazotto

6) Adagio g-moll 7:16

Orpheus Chamber Orchestra
Publ.: Ricordi
(P) 1990 Deutsche Grammophon GmbH, Hamburg

GIUSEPPE VERDI (1813 – 1901)

La Traviata

7) Libiamo ne lieti calici – Brindisi 2:59

Plácido Domingo, Tenor
Ileana Cotrubas, Sopran
Bayerisches Staatsorchester
Carlos Kleiber
(P) 1977 Polydor International GmbH, Hamburg

GIOVANNI GABRIELI (1553 – 1612)

Ostermesse in Venedig

8) Canzona a 12 Instrumenti 2:59

Gabrieli Players
Paul McCreesh
(P) 1997 Deutsche Grammophon GmbH, Hamburg

ERMANNO WOLF-FERRARI (1876 – 1948)

I gioielli della Madonna (Der Schmuck der Madonna)

9) Intermezzo 3:31

Gothenburg Symphony Orchestra
Neeme Järvi
Publ.: Joseph Weinberger
(P) 1990 Deutsche Grammophon GmbH, Hamburg

RICHARD WAGNER (1813 – 1883)

Tristan und Isolde
10) Isoldes Liebestod 8:28

Philadelphia Orchestra
Christian Thielemann
(P) 1998 Deutsche Grammophon GmbH, Hamburg

ADRIAN WILLAERT (1490 – 1562)

11) *Ave Regina für vier Stimmen* 3:22

Pro Cantione Antiqua
Bruno Turner
(P) 1977 Polydor International GmbH, Hamburg

ANTONIO VIVALDI (1678 – 1741)

Flötenkonzert Nr. 3 »Il gardellino«
12) 1. Allegro 3:49

Patrick Gallois, Flöte
Orpheus Chamber Orchestra
(P) 1993 Deutsche Grammophon GmbH, Hamburg

GIUSEPPE VERDI (1813 – 1901)

Rigoletto
13) La donna è mobile 2:19

Luciano Pavarotti, Tenor
London Symphony Orchestra
Richard Bonynge
(P) 1973 The Decca Record Company Limited

GUSTAV MAHLER (1860 – 1911)

Symphonie Nr. 5 cis-moll
14) Adagietto 10:26

Philharmonia Orchestra
Giuseppe Sinopoli
(P) 1985 Polydor International GmbH, Hamburg

CLAUDIO MONTEVERDI (1567 – 1643)

L'Orfeo
15) Rosa del ciel 3:35

Anthony Rolfe Johnson, Countertenor
Julianne Baird, Sopran
The Monteverdi Choir
The English Baroque Soloists
John Eliot Gardiner
(P) 1987 Polydor International GmbH, Hamburg

DOMENICO CIMAROSA (1749 – 1801)

Il matrimonio segreto (Die heimliche Ehe)
16) Ouvertüre 5:59

English Chamber Orchestra
Daniel Barenboim
(P) 1977 Polydor International GmbH, Hamburg

ANTONIO VIVALDI (1678 – 1741)

Konzert in San Marco
17) Gloria – Laudamus te 2:34

Coro e Orchestra del Teatro La Fenice
Vittorio Negri
(P) 1965 Philips Classics Productions

KLEINES KÜCHEN-ABC

Kursiv gesetzte Seitenzahlen beziehen sich auf Abbildungen.

SACHREGISTER

Kursiv gesetzte Seitenzahlen beziehen sich auf Abbildungen.

BILDNACHWEIS

Titelfoto: LOOK/Martini (Gondoliere), Mosaik Verlag/Feuz (Food-Foto)
Vor- und Hintersatz: LOOK/Martini
Food-Fotos: Tim Imrie 4/5, 64/65, 67, 69, 71, 72, 75, 76, 78, 80/81, 83, 85, 87, 88, 90, 93, 94/95, 97, 99, 100, 103, 105, 106, 109, 110, 112, 114/115, 117, 119, 121, 122
Agnew & Sons, London/Bridgeman Art Library, London/New York 7
AKG, London 28
AKG, London/Cameraphoto 13, 25 u., 26, 46, 47
Alte Pinakothek München/Scala, Mailand 17
Biblioteca Querini Stampalia, Venedig/Scala, Mailand 14
British Library, London/Bridgeman Art Library, London/New York 12
Casa Goldini, Venedig/e. t. archive, London 8
Christopher Wood Gallery, London/Bridgeman Art Library, London/New York © W. Logsdail 55
Galleria dell' Academia, Venedig/Bridgeman Art Library, London/New York 18, 45, 74
Gallery of Modern Art, Rom/e. t. archive, London 57
La Scala, Mailand/e.t. archive, London 27
Louvre, Paris/Scala, Mailand 20
Museo Bibliografico Musicale, Bologna/AKG, London 23
Museo Ca' Rezzonica, Venedig/Bridgeman Art Library, London/New York 41
Museo Ca' Rezzonica, Venedig/e.t. archive, London 42
Museo Ca' Rezzonica, Venedig/Scala, Mailand 11
Museo Correr, Venedig/Bridgeman Art Library, London/New York 2, 34/35, 37
Museo Correr, Venedig/Giraudon/Bridgeman Art Library, London/New York 50
Museo Real Academia de Bellas Artes, Madrid/Index/Bridgeman Art Library, London/New York 38
Museo Teatrale alla Scala, Mailand/Scala, Mailand 19
National Gallery, London 22, 58
Palazzo del Té, Mantua/Scala, Mailand 62/63
Palazzo Grassi/AKG, London/Cameraphoto 49
Pinacoteca di Brera, Mailand/Scala, Mailand 15
Privatsammlung/AKG, London 9
Sarah Quill/Venice Picture Library, London 21, 25 o., 29, 30, 33, 36, 39, 43, 48, 51, 53, 60, 61, 65 r., 66, 81 r., 95 r., 104, 115 r.
Liba Taylor/Hutchison Picture Library, London 54
The Kobal Collection, London 31

Redaktionsleitung: Halina Heitz, München
Redaktion: Siegrid Kroeber, Annette Baldszuhn, München

Produziert für Verlagsgruppe Bertelsmann GmbH München
von Duncan Baird Publishers Ltd London
Redaktionsberatung: Maggie Ramsay, London
Layout: Tim Foster, London
Bildredaktion: Julia Brown, London
Food-Stylistin: Bridget Sargeson

Satz: Filmsatz Schröter, München
Umschlaggestaltung: Design Team München
Reproduktionen: Colourscan, Singapur
Druck und Bindung: Alcione, Trento
Printed in Italy

ISBN 3-576-11184-0